北京市高等教育学会 2022 年课题（项目编号：MS2022419）研究成果

"都市农业职业教育"

专题文献知识建模及服务模式探究

辛力春　著

北京工业大学出版社

图书在版编目（CIP）数据

"都市农业职业教育"专题文献知识建模及服务模式
探究 / 辛力春著. -- 北京：北京工业大学出版社，
2024. 7. -- ISBN 978-7-5639-8678-1

Ⅰ. F304.5；G252.8

中国国家版本馆CIP数据核字第2024BG5230号

"都市农业职业教育"专题文献知识建模及服务模式探究

"DUSHI NONGYE ZHIYE JIAOYU" ZHUANTI WENXIAN ZHISHI JIANMO JI FUWU MOSHI TANJIU

著　　者： 辛力春

责任编辑： 张明林

封面设计： 曼　玲

出版发行： 北京工业大学出版社

　　　　　　（北京市朝阳区平乐园 100 号　邮编：100124）

　　　　　　010-67391722（传真）　bgdcbs@sina.com

经销单位： 全国各地新华书店

承印单位： 三河市元兴印务有限公司

开　　本： 710 毫米 ×1 000 毫米　1/16

印　　张： 13.5

字　　数： 220 千字

版　　次： 2024 年 7 月第 1 版

印　　次： 2024 年 7 月第 1 次印刷

标准书号： ISBN 978-7-5639-8678-1

定　　价： 78.00 元

序　言

国家文化数字化战略的实施与推进离不开各个专业机构的知识资源的深加工及其专业化服务能力。知识组织提供了对知识资源序化的理论及方法，其通过对数字资源的内容特征及关联关系的深入揭示，不仅能够帮助用户准确快速地查找所需的内容，而且有助于用户利用计算机对内容进行更精准的分析、判断、推理，挖掘资源的潜在价值，为知识的发现、集成及整合提供重要的基础。

乡村振兴战略的发展加快了农业现代化步伐，都市农业作为一种现代农业类型，推动了城市与农村之间的交流，加速了城乡一体化的发展进程。"都市农业职业教育"肩负着培养都市农业职业技能人才的重要职责使命，面向"都市农业职业教育"领域的知识服务，不仅对职业技能人才教育及培养起着支撑作用，也有助于职业技能人才专业素质水平的提升。而从该领域目前状况来看，其知识服务无论从服务方式、手段，还是服务水平上，都存在亟待提升的空间。

作者辛力春长期从事"都市农业职业教育"专题服务研究，积累了丰富的实践经验。在学位论文撰写期间，与我一直探讨将本体的理论与方法应用到"都市农业职业教育"专题知识库的构建上，并将其学位论文定题为《"都市农业职业教育"专题文献知识建模及服务模式探究》。经过大量研读国内外相关研究成果，学习本体构建相关技术及知识组织理论与方法，作者顺利地完成了学位论文的撰写。本书是在作者的学位论文的基础上的深化及扩展，从数据搜集、用户需求分析、本体建模到知识服务模式的探究，清晰地给读者展示了专题库构建的基本流程。看到作者花费多年的努力，持续开展"都市农业职业教育"专题服务理论及实践研究，并将这一成果付梓成书，我为作者的不懈努力感到高兴和欣慰。

该书的出版，对于作者从事的"都市农业职业教育"领域而言，无论是对已有文献信息的知识发掘和利用以及潜在价值的实现，还是对该领域图书情报机构知识服务水平的升级，以及加强知识服务对领域发展的支撑作用，无疑都是有益的探索，对读者具有一定的启发价值和引导作用。

　　当然，作者这一研究还处于理论探讨和实践应用的初级阶段，未来还需要大量的系统设计、算法研发、服务设计及评价等工作，我期待作者能够有进一步的突破和进展。

贾君枝

2024 年甲辰春

　　（＊贾君枝：博士，中国人民大学"杰出学者"，中国人民大学信息资源管理学院教授，博士生导师，图书与情报教研室主任。）

前　言

作为本研究成书的缘起，特别对本书成书的政策和现实背景、研究基础以及使用方向等简述如下。

本研究成书基于的政策和现实背景：①国家和北京市关于城乡融合、乡村振兴战略与美丽乡村建设、新型职业农民培育，以及大力发展都市型现代农业和职业教育的一系列文件构成了本书研究的宏观政策背景。②"都市农业职业教育"蓬勃的发展态势和良好的发展前景促使相关数字信息资源快速增加，而对于相关知识信息资源的开发利用却很有限。这一现状使得加强该领域知识信息资源的开发和利用，从而有效提升知识信息资源内在价值及用户知识需求的满足程度越来越迫切。③作者所在单位——北京农业职业学院承担着重要社会角色，如作为中国都市农业职业教育集团、北京都市农业职业教育集团牵头和理事长单位等，肩负着为北京乃至全国培养高素质"都市农业"职业技能人才的重要职责使命，而从该学院图书馆的职责来说，也理应承担积累和开发对"都市农业职业教育"发展和研究有重要理论参考价值和实践意义的资料和信息的职责。

本研究成书基于的研究和数据基础：①前期课题提供了核心主题概念内涵和文献数据集作为本研究的数据基础。通过作者主持的两项研究课题——北京农业职业学院人文社科课题《都市农业职业教育专题信息服务研究》（XY-SK-13-07）与《"都市农业职业教育"专题文献信息深入研究》（XY-SK-19-14），分析和确定了研究主题"都市农业职业教育"概念的内涵，完成了对与"都市农业职业教育"主题相关、经过科学排序且具有较高学术影响力的专题文献汇编。②在作者学位论文的相关研究中，探讨了"都市农业职业教育"专题文献本体知识概念层次结构及知识模型构建的问题，以及与此基础相适应的嵌入式知识服务模式的框架和类型等问题。

本书具体研究解决了以下几方面问题。

（1）本研究针对"都市农业职业教育"文献知识特点，运用本体技术，通过对模型概念数据进行分析、抽取及处理，形成模型本体概念体系及其属性，并使用本体工具 Protégé，完成了专题文献知识本体概念结构的知识描述及本体表达，初步实现了"都市农业职业教育"专题文献知识本体模型的搭建。本研究通过对现有"都市农业职业教育"文献知识进行细粒度、文献知识内容层面的深度标引，初步实现了文献知识体系的系统化、结构化、规范化、语义化的有效组织。

（2）本研究针对"都市农业职业教育"专题文献服务的目标用户进行了有关知识及知识服务需求、现状和趋势的调查和分析。从"都市农业职业教育"的具体含义、数据来源以及该领域知识服务现状、目标用户群体的类型分析出发，依据对目标用户需求调查的设计及问卷回收和统计分析，总结得到了用户对知识需求及知识服务的结论，为后续知识服务模式研究提供基础和方向。

（3）本研究基于"都市农业职业教育"专题文献知识服务目标用户知识及知识服务需求的调研结论，以及所构建的专题文献本体知识模型，进一步探讨了"都市农业职业教育"专题文献知识服务的模式构成及具体类型。研究团队建立了以专业馆员嵌入式服务为核心，以本体技术应用为手段的嵌入式专题文献知识服务模式框架，设计了嵌入式决策支持、嵌入式科研定题跟踪和嵌入式教学改革支持三种知识服务模式类型。研究为实现"都市农业职业教育"专题文献知识服务的升级提供了基础。

本书共分为七章，主要研究内容有：

第一章 绪论。介绍研究的背景及意义，分析了国内外研究现状、研究的主要内容、目的和创新点，以及研究方法与技术路线。

第二章 对研究相关的概念、理论进行阐述。包括对知识模型和建模、本体模型法的相关理论、知识服务的相关理论进行总结。

第三章 在对都市农业职业教育具体含义的解析、对专业检索词的确定、对专题文献检索及结果处理的基础上，探讨对文献检索结果的影响力排序，并得到供本研究所需的文献数据集作为研究基础。

第四章 对"都市农业职业教育"专题文献服务的目标用户进行了有关知识及知识服务需求、现状和趋势的调查和分析。从该领域知识服务现状、目标用户群体的类型分析出发，依据对目标用户需求调查的设计及问卷回收和统计分析，总结得到了用户对知识需求及知识服务的结论。

第五章 研究探讨和实践了都市农业职业教育专题文献知识本体模型的构建。包括知识内涵阐述，本体模型构建中有关本体范畴，本体概念数据的复用、抽取、处理，本体类结构体系及类的属性等研究，以及对专题文献知识本体模型的实例填充。

第六章 研究探讨了符合都市农业职业教育领域和本体特性的嵌入式知识服务模式的整体框架及具体类型等模式问题。包括对专题文献知识服务模式的决策支持、科研定题跟踪和教学改革支持三种具体类型中嵌入内容及服务产品、模式的层次和流程及机制几方面内容进行了探讨。

第七章 总结与展望。对全文内容进行总结，并指出研究中存在的不足，对后续研究进行了展望。

目前，"都市农业职业教育"内涵、理论及其应用尚处于成长发展期，相关的知识服务尚处于待开拓发展期。本研究对于"都市农业职业教育"专题文献的结构化、规范化、明晰化和语义化知识概念体系的探讨，以及本体知识模型的建立，在该领域具有一定的开拓、引导性意义。通过体系化、结构化、语义关联化的知识组织，为体现"都市农业职业教育"专题文献知识内在联系和实现其内在价值，降低用户的知识获取成本，提高领域的知识产出质量，实现相关知识标注的标准化、规范化等方面创造条件。本研究对于"都市农业职业教育"嵌入式专题文献知识服务模式的探讨，也为"都市农业职业教育"知识服务升级铺垫了基础，为相关研究和服务的深入提供了理论和技术方向的启发和示范。

对本研究内容提供支持的学位论文导师贾君枝及其他老师、前期研究的课题组成员（姓名恕不一一列出），在此一并再次表示感谢。

由于著者的专业学识、时间、精力以及所依托的信息、技术条件等有限，书中仍有不少未竟、遗憾之处和疏漏、不足之处，敬请有关同行、专家不吝赐教，并真诚希望能在今后的研究中得以完善和补正。

辛力春

2023 年 1 月

于北京

目　录

第1章 绪论

1.1 研究背景和意义

1.1.1 研究背景

随着现代信息技术和互联网的发展，信息量呈现"爆炸式"增长。面对如此海量而又形态多样的信息资源，传统的基于关键词及特征字段的检索不仅检索效率低下，检全率和检准率也不足。从总量激增的文献搜索结果中浏览并找到文献主题高相关度和内容高切合度的文献变得越来越困难，为之付出的成本也越来越高。因此，如何更加优质高效地收集查找、标记、存储和处理这其中有价值的知识信息，利用知识资源进行知识服务，挖掘和体现知识内在的价值，已经成为信息资源利用的首要问题与难题。

为了解决这一严峻问题，知识服务应运而生。知识服务在图书情报、信息科学、计算机科学、人工智能等领域是研究热点之一，其研究和相关实践热度一直保持上升趋势。知识服务是对传统信息服务的全面升级，它基于信息爆炸的现实，是一种面向知识内容以及提供增值服务和解决方案的服务，它面对的是解决用户问题目标。知识服务是实现用户的针对性知识需求以及组织化选择、处理、加工的知识信息之间连接的有效手段。

本书研究对象之一的"都市农业职业教育"在新世纪新时代以来呈现蓬勃的发展态势和良好的发展前景。国家和北京市关于城乡融合、乡村振兴战略与美丽乡村建设、新型职业农民培育，以及都市型现代农业规划和大力发展职业教育的政策大背景，为都市农业职业教育的发展提供了动力和前景。从全国来看，我国正面临着乡村振兴战略实施与美丽乡村建设、新型职业农民培育、向城乡融合转变的重要历史机遇，这势必会对发展都市农业职业教育提出急迫和高标准的要求。而国家《乡村振兴战略规划（2018—2022年）》提出要建立健全城乡融合发展体制机制和政策体系，实施新型职业农民培育工程；《中华人民共和国国民经济和社会发展第十三个五年规划纲要》对城镇化和都市农业提出了新的要求;《北京市"十三五"时期都市现代农业发展规划》进一步明确了打造都市农业"升级版"的定位和方向;《中国教育现代化2035》《国务院关于加快发展现代职业教育的决定》及北京市《关于加快发展现代职业教育的实施意见》等从职业教育发展政策方面为职业教育指明了良好的发展前景。在国家和地方的规划、政策推动、实施和影响下,我国职业教育驶上了发展的"快车道"。发展体系不断完善,办学模式不断创新,招生规模和毕业生就业率保持了稳定增长。

为适应都市型现代农业发展和为乡村振兴战略实施提供强大的人才支撑,势必要大力发展都市农业职业教育。事实上,自2000年以来,由于都市农业职业教育的良好发展前景和发展态势,相关研究也呈现不断上升的趋势,文章发表数量不断增加。相关的图书情报服务机构也紧紧围绕都市农业发展和高层次农业人才培养需求,瞄准都市农业前沿问题和关键技术,以服务好都市农业发展及都市农业学科群建设。

但与此同时,针对有关这一专题领域研究成果的文献信息服务相对薄弱。图书情报服务目前处于由传统信息服务向智慧信息服务的转型阶段,对相关特色资源的收集和整合建设一直处于较低的水平,缺乏宏观规划和管理,存在特色信息资源开发不足、利用不够,数字化资源转化效益不高等问题。目前大多还处在基本的文献查找以及专题文献信息专辑、信息简报提供等传统浅层次信息服务的水平,知识含量较低,对于其中研究成果文献内容的分析、提炼和挖掘等深层次知识服务工作严重不足,对科研教学的引导作用不强,对相关科研和教学生产一线人员的影响力仍很微弱,还有很大的提升空间。

这种现状一方面给相关研究者精准获取相关文献信息和参考案例带来困难,另一方面也间接导致图书情报工作对"都市农业职业教育"的行业政策与决策、科研、教育教学等方面的辅助、支撑作用薄弱,与"都市农业职业教育"的重大发展前景和目标要求不相适应,因此,提升"都市农业职业教育"信息服务的层次,加强知识服务的力度和深度变得尤为迫切。本研究所做的正是根据目标用户的特点和需求,从"都市农业职业教育"专题文献所研究的主题和问题类型出发,通过知识模型构建的方式尝试对"都市农业职业教育"专题文献建立有效的知识组织,并进而对其从信息服务向知识服务升级的路径和范式进行探讨和尝试。

1.1.2 研究意义

对于"都市农业职业教育"领域专题文献的结构化、规范化、明晰化和语义化知识概念体系的探讨，以及本体知识模型的建立等方面，本研究在该领域具有一定的开拓、引导性意义。通过体系化、结构化、语义关联化的知识组织，为体现"都市农业职业教育"专题文献知识内在联系和实现其内在价值、降低用户的知识获取成本、提高领域的知识产出质量、实现相关知识标注的标准化和规范化等方面创造条件，方便今后的知识共享、复用、传播和利用。在此基础上，本研究对于"都市农业职业教育"专题文献知识服务模式的探讨，也有利于为"都市农业职业教育"知识服务升级和相关研究和服务的深入提供启发和示范。

知识模型是对知识进行抽象化、逻辑化和体系化的过程，通过使用知识表示方法对知识对象进行组织化的规范性描述，从而使得知识要素结构化、维度化。本研究通过尝试构建知识模型、建立知识概念结构体系，力图实现对现有知识服务方式的改进升级，为用户提供诸如知识检索、知识导航以及个性化推荐等技术服务形式带来可能。概念体系的规范化描述是进行专题文献研究和高层次知识服务的基础。这种描述一是便于实现对复杂知识体系的揭示以及与计算机之间的互通，从而实现知识复用和共享、可视化展示；二是可以实现对不同结构、不同形态的文档、图片、音视频等类型资源的动态链接和更新。总之，通过"都市农业职业教育"专题文献知识模型的构建，不仅能实现对该专题领域文献知识的体系化分类，降低相关研究者等用户的知识获取成本，更有助于提高领域的知识产出质量，实现相关知识的标准化、规范化，并且通过专题领域的知识结构化和知识组织，方便今后的知识共享、传播和利用。

专题文献知识服务是提高"都市农业职业教育"特定专题领域内文献信息资源利用效率的有效途径。作为一种面向特定用户、特定需求的知识信息提供方式，专题文献知识服务可以为研究人员提供更加准确、全面、专业的文献情报研究资料，我们应当根据专题文献知识服务的特点，利用信息处理技术，获取基于专题领域文献内容的细粒度知识（概念、术语、分类体系、主题特征等），并加以序化和关联，形成面向专题文献知识服务的知识网格及知识库。专题文献知识服务通过数字资源的知识信息的规范化、重构化的知识组织，无缝嵌入用户的目标任务解决过程，从而提供精准、及时、便捷且符合个性化的知识服务，实现有效减少个人主观因素差异带来的知识获取障碍，降低知识获取成本，发挥和提高知识的潜在价值，并便于知识共享和重用，减少重复研究和工作。

1.2 国内外研究现状

1.2.1 知识服务及其模式

知识服务模式是知识服务的方法、路径以及知识服务中各要素的集合及其关系的总和。包括知识的提供者、接收者以及知识数据来源、提供方式和渠道等。

总体而言，国外对知识服务及其模式的研究不仅在时间上早于国内，在研究内容方面也更侧重于应用。国外学者对知识服务的研究成果较为丰富，并且对其技术、系统以及规划、实施等方面都有涉及。例如有 Rath A. S. 等人提出了集中服务用户工作任务目标的、基于上下文检索的以及为人群中共享工作任务的三种知识服务模式；Kuula S. 等人探讨以服务产品的方式来构建并交付模块化形式服务的框架模式，以实现提高盈利的目的；Kawtrakul A. 基于技术，研究构建了农业领域的本体知识服务平台；Lin D. 和 Ishida T. 总结了美国伊利诺伊大学图书馆建立的包含学科导航、服务账号和知识库共享以及服务教学的嵌入式服务为内容的便捷化服务；美国国立生物技术信息中心为美国国立医学图书馆设计开发了数据研究、数据库与软件建设两种知识服务模式。

国内知识服务研究较多以国外理论和经验为基础，结合具体实际应用等。大多集中在图书情报、计算机软件等领域，发展大致经历了从萌芽到逐步发展的阶段，热度呈逐年增加趋势，但总体偏于理论研究，技术研究还不够深入。

国内对于知识服务的研究，早在 2000 年，张晓林便提出具有前瞻性的观点：在知识经济以及现代信息技术应用的社会环境中，要对图书情报工作重新审视，对其核心能力以及突破和生长点重新定位，认为知识服务是图书情报与档案管理工作的基础。孙坦等人提出了融合知识组织与认知计算的新一代开放知识服务架构。在知识服务实现方面，出现了基于知识供需匹配的系统模型、"大数据＋微服务"模式以及用户感知服务体系、智能知识服务体系、知识融合服务体系、多维知识服务平台和问题解决型农业科技知识服务平台等。知识服务的模式也在向着大型化和数字智能化方向发展。

张海涛、程卫萍等人分别有针对性地提出了一站式服务模式、跨系统的协同式服务模式。田红梅总结了知识服务的五个主要方面，包括知识导航、知识咨询服务、知识服务的个性化和专业化、集成化知识服务以及知识的共建共享。王芹总结了以数字化为特征的参考咨询服务模式以及以专业化为特征的用户信息系统服务模式。麦淑平总结了以数字图书馆六种知识服务模式，即学科信息门户、专业化、个性化、数字化、虚拟咨询的团队、自助式的知识服务模式。李家清总结认为，贴身顾问式的,具有智能化、系统化和个性化特点的知识服务模式是用户较理想的模式。闫蓓、刘开源、江勇、初景利等学者的研究概括了图书馆的知识服务模式主要包括个性化定制、问答式以及学科化、嵌入式等。

表 1-1 简要总结了国内外研究中知识服务及其模式的特点。总体来说，研究的知识服务及其模式呈现平台化、智能化趋势，围绕解决用户的任务为中心，通过个性化服务及知识的组织、融合来提供各种知识产品和服务，解决用户需求，实现知识共享。

表 1-1 国内外研究中知识服务及其模式简要特点

项目	国外	国内
知识服务及模式的趋势及特点	产品化、模块化、系统平台化	大型化、平台化、系统化、数字化、智能化、专业化；集成化、学科化、嵌入式；共建共享
知识服务目标	便于使用和共享，面向解决用户任务	重在个性化地解决用户需求
知识服务及模式的路径及特征	学科导航、知识共享、服务用户工作、嵌入式等	知识组织、知识融合、供需匹配；导航、参考咨询、学科门户；自助、贴身、问答式、顾问式等

1.2.2 知识建模

近年来，国内外学者在不同领域针对知识模型开展了不少研究，主要针对不同的知识表示方法及构建方法进行了应用探索。

国外研究方面，有 Jepsen T. C. 等通过制定客观的设计标准，用本体的构建方法建立知识模型，解决计算机软件中知识共享问题；Mineau G. W. 等人提出了概念图形式的建模语言，与传统建模语言相比具有更好的表达能力；Stuurstraat N. 等人提出了一种构建知识集成的方法，以进一步提高对现有知识的重用性。

国内研究方面，朱光菊等人运用框架表示的构建方法，构造出具有知识层次的知识表示方式；吉祥针对绿色设计领域知识提出相应模型并开发了适用的系统；叶志刚等人针对机械设计中的工艺提出基于语义网的建模法，以实现模型优化；魏圆圆提出了针对农业工程领域知识的本体建模方法。

以上对知识建模的研究都围绕着模型构建的知识识别、知识模型创建、知识模型验证等主要阶段进行，在各自专业领域里因知识应用方式及所需要解决的专业问题不同，导致知识建模的不同。

另外，本体因具有清晰的概念层次结构及规范的形式化知识描述，使得其具有较强的语言表达能力，将其引入知识建模后可以确保领域知识的精确性和唯一性，而且便于知识重用、知识检索、知识积累和知识共享。具体国外对使用本体方法建模的研究有：Fujiwara R. 等人通过过程建模应用和文本挖掘应用来建立本体，以此为基础开发了知识导航平台，便于用户间交互；Sugumaran V. 等人研究了本体概念的建模，用于知识库构建；Park M. 等人开发了建筑知识的本体模型；Castells P. 等人研究开发了一种向量空间模型，可用于本体知识库的检索。国内对使用本体方法建模的研究有：袁芳与孙雨生针对数字档案管理，设计了本体相关的数字档案知识库，并构建了语义化用户兴趣模型，开发了基于本体的数字档案知识服务系统架构；陈红叶等人从农业知识领域语义化角度提出了一种本体知识服务模型；刘鹏年从舰载航空医学现状出发，在建立专题多层次的主题表基础上，构建了舰载航空医学专业的领域本体及相应的专题知识服务模型；庄鹏等人从提升图书馆资源使用和共享效率出发提出了一种包含知识管理、获取以及检索、发布的本体知识服务模型。但对与本研究主题密切相关的"都市农业职业教育"专题文献，经检索发现内容相对空白，尚无相关知识建模研究。

通过以上知识建模，尤其是本体建模的研究可以看出，利用本体清晰、规范表达知识概念层次结构的特点，便于实现知识管理和利用。建立不同领域本体知识模型，为进一步形成知识服务系统和平台，开发知识价值，实现知识服务准备了条件。

1.2.3 专题文献知识及服务

为了解本研究主题"都市农业职业教育"专题文献知识服务方面的研究情况，

经用主题词"都市农业＊职业教育＊知识服务"对知网检索，未见有关都市农业职业教育专题知识服务主题的文献。经用主题词"都市农业＊知识服务"对知网检索，只有3篇相关文献。经用主题词"职业教育＊知识服务"对知网检索，有31条结果，其中有8篇相关度较高。以上检索结果文献大多局限于知识服务理念及机制上的探讨。如刘学良提出应根据职业教育服务对象的需求，动态地收集、选择、分析和利用各种知识信息，进行深层次整合和重组，形成符合专业建设和人才培养需要的知识产品，为用户提供知识服务。刘乾凝从分析都市农业学科化知识服务的现状及存在的问题入手，提出了智慧化知识组织模式、学科化知识传播服务、多主体动态参与服务、学科团队合作服务的都市农业学科化知识服务机制构建的路径。郭薇薇总结了针对学校轨道交通类特色专业，与知网合作利用其现有架构建立专业知识服务平台的实践成果。

本研究对象专题文献知识服务，既源于也有所区别于传统定题情报服务，是对其的优化、升级。定题情报服务，即专题情报服务（Selective Dissemination of Information，SDI），是由图书情报人员根据用户特定需要，围绕某一专题，在一定时期内主动地、连续地为用户提供对口的文献情报服务。相比于一般的信息服务，专题情报服务具有针对性、连续性、系统性、时效性、超前性及情报加工层次高等特点。专题情报服务模式主要有提供文献跟踪服务和资料加工后生成进展、动态等研究报告两种。而专题（专题文献）知识服务也应同样具备定题情报服务的特点，但是其服务模式更加个性化、多样化、智能化。通过对专题文献信息的深层加工整理以及对领域文献知识体系的重构，我们可以实现对其中信息的再规范、标准化，以及有效信息组织，从而实现降低信息资源获取成本，提高利用率，并有效降低个体认知所导致偏差的问题，从而避免重复建设和研究。

目前的专题知识服务研究方向主要是如何将数字资源知识聚合与专题知识库相结合，满足不同层次读者具有靶向性、时效性与科学性的知识需求。专题知识服务主要有学科资源建设与导航服务、科研咨询与趋势研判服务、信息素养服务等。从事知识服务的人员不仅单纯地提供信息服务，也扮演了支持用户创新的中介角色。国内近年的主要研究有：吴洋从英文科技文献的深度加工与主题演化来研究满足不同科研用户对专题情报研究的需求；兰杰与任海燕从蒙医药学科研专题知识服务出发对开展科研专题知识数字服务，建立学科馆员队伍以及收集专题文献、建立数据库和导航库进行了探讨；刘细文等人对中国科学院文献情报系统的文献资源保障能力分析和咨询、信息素质培训与能力建设、学科专题信息服务、学科情报和战略情报研究、专题信息平台建设等专业化知识服务模式进行了总结；杨春华等人提出了对重点医学科研领域从建立烧伤专题数据库的角度，提供有序化、个性化、专业化和智能化知识服务的路径。

专题知识库及服务平台方面，因其具有利用信息技术对某一特定主题或领域的知识进行有序化组织、展现和管理的特点，能够以其突出的专题特色、标准化的资源建设、灵活而个性化的服务、专业而深入的知识管理等优势，成为专题知识服务研究领域的重点和热点。例如有赵瑞雪等人总结了开发应用较好的中国农业科学院农业信息研究所的"农业专业知识服务系统"；赵洪亮研究了通过构建农业知识本体，搭建基于农业院校面向农民的农业信息服务平台的路径和方法；李健捷等人探讨了从创建老庄传统文化专题知识库出发，使用本体论方法形成领域本体库，提供可视化、多层次网状结构专题知识导航图；马雨萌等人以中药活血化瘀专题知识库构建为例，采用基于知识工程的信息抽取方法，通过抽象研究问题要素，构建专题知识模型，形成结构化知识来建库，提供包括知识检索、知识问答及知识可视化等的知识服务；李兰彬在面向专题情报服务的领域知识库构建平台研究中，针对文献资源采集提出了统一资源描述规则以及改进关键词提取、摘要提取和内容分类算法，并利用 HDP 主题模型对数据集进行主题分析及外部/内部特征统计分析。

国内对于专题文献的知识及知识服务研究总体相对较少。主要涉及以文献为研究对象的知识表示、知识组织、本体构建、知识模型，以及文献深加工、文献知识导航、语义检索实现等。围绕文献深加工和知识体系建立，以及提供文献知识服务方面，相关研究有：秦春秀等人分析了科技文献文本结构，构建科技文献知识元本体模型，将科技文献中具有完整句义的细粒度知识点表示为统一结构的知识元；胡军针对计算机文献，使用领域本体技术构建了文献本体和概念语义词典本体，在此基础上设计实现了文献的语义检索；徐晨飞等人运用本体工程思想，以收集的各种类型"江海文化"研究文献为基础，构建了"江海文化"文献知识组织体系；石伟丽通过对"土司文化"文献的构成元素和内容中的知识元进行研究，构建了"土司文化"文献知识组织体系。

1.3 研究内容和方法

1.3.1 研究内容及目的

本研究主要通过分析总结有关知识建模、知识服务相关概念及理论，在前期对都市农业职业教育具体含义、文献数据来源以及该领域知识服务现状及目标用户群体的类型分析的基础上，以用户知识及知识服务的需求调查情况为依据，得到目标用户的需求特点的结论，进而从知识组织角度以"都市农业职业教育"领域专题文献知识为对象进行本体概念模型构建的探索，并在此基础上探讨了符合该领域及本体特性的嵌入式知识服务模式的整体框架和具体类型。

本研究主要目的为探讨解决"都市农业职业教育"专题文献领域的知识概念层次结构和知识模型构建的问题，以及与此基础相适应的嵌入式知识服务模式的框架和类型等问题，以此来尝试解决知识服务与"都市农业职业教育"专题文献领域结合的问题，从而实现该领域从信息服务向知识服务的升级。

1.3.2 研究方法及技术路线

1.3.2.1 研究方法

本书主要采用的研究方法有文献调查法、文献计量分析法、问卷调查法、比较分析法、案例分析法等方法。

①文献调查法、文献计量分析法：主要从本研究的内容和目的出发，为了掌握和分析国内外相关知识服务及模式、知识建模、专题文献知识服务的发展和理论，采用文献调查法及文献计量分析法，收集、研读、归纳相关文献主要内容，总结出研究现状及主要路径。

②问卷调查法：主要通过问卷调查法来获取知识服务目标群体对现有文献信息服务的满意度，以及对于知识建模、知识服务的认识和需求情况及对知识服务的期望度等，并对结果进行评估。

③比较分析法：主要用于对现有信息服务模式与可行的知识服务模式进行比较研究，分析在知识建模的基础上引入知识服务的优势，从而得到引入相应知识服务的必要性。此外，比较分析法还用于现有的知识服务核心过程等方面的比较分析。

（4）案例分析法：以相关机构"都市农业职业教育"及其文献信息服务现状为研究案例，增强有关现状及需求分析例证，并引入实证研究。

此外，本研究还综合采用了数理统计法、分析归纳法等数学和逻辑方法。

1.3.2.2 技术路线

本研究采用理论与实践相结合的技术路线，具体技术路线图如图 1-1 所示：

图 1-1　技术路线图

1.4　研究创新点

基于都市农业职业教育内涵、理论及其应用尚处于成长发展期，以及相关的知识服务尚属待开拓发展期的现状，总结本研究的创新点如下。

第一，本研究结合了图书情报学理论与方法，针对"都市农业职业教育"专题文献知识资源特点及知识服务现状、目标用户知识需求特点，以构建专题文献知识本体模型，实现了知识体系的结构化、规范化、语义化的有效知识组织。并在此基础上探讨了相应的知识服务模式的构建。本研究为实现"都市农业职业教育"专题文献知识服务的升级奠定了基础，并为知识服务的实施提供了理论方法和技术方向指引。

第二，本研究在有关"都市农业职业教育"专题文献内容层面上的知识概念体系的结构化、规范化、语义化方面具有一定的开拓性。这一知识概念体系的构建，不仅有助于通过对文献内容细粒度的知识组织提升对相关文献资料的收集、整理和开发，更可以通过数据挖掘和二次加工促进具备知识服务条件的深层知识的形成，为该专题领域的相关科研、决策、教育教学等提供可靠参考。同时也为今后的本领域研究和学术交流提供一个入口、示范，便于实现知识共享和复用以及进一步开发。

第 2 章　相关概念及理论

2.1　知识建模理论

2.1.1 知识模型及其构建

知识模型是知识元素层次体系及知识元素之间关系的总和。

知识模型构建是对知识进行抽象化、逻辑化和体系化的过程，是利用知识表示方法将知识对象组织起来进行规范描述，以形成结构良好、既具有概括性又能表达知识间具体关系的模型。

知识模型构建的目的是推进知识的传播、利用和共享；知识模型构建的结果应包括知识核心元素集、元素间的交互作用以及这些元素到规范语义间的映射关系；如何确定概念和关系的名称以及对象的标识是知识模型构建的重要内容。

知识模型的构建一般可分为以下四个阶段：

①知识的识别：处于知识建模的基础及准备阶段，依据建模的目标和需求情况来确定模型的范畴和领域，从中识别出所需的数据和信息，并收集相关的概念、属性和规则等知识对象。

②知识模型的创建：包含对知识对象的组织和整理以及对知识对象的定义和解释等知识表达，从而形成计算机能够理解和处理的知识结构模型。

③知识模型的验证：包括两个方面内容，一是对知识对象的规范说明进行一致性检查；二是验证知识模型的有效性。

④知识模型的维护：知识模型的构建是一个循环迭代的过程，要不断对其进行更新。

2.1.2 知识模型构建方法

在知识建模方法中，比较有代表性的有 KADS 及后续的 CommonKADS、Protégé-II、OCML 等。其中 CommonKADS 方法由于提出了"知识模型结构"的概念，因此在知识建模研究中占有重要地位。

各建模方法的基本思想虽类似，但在实现路径和侧重点上皆有所不同。其中MIKE是在CommonKADS基础上研制的知识获取和表征语言模型（KARL）；Protégé-II通过对本体的探讨、领域本体的构建以及知识库结构的划分，提高了知识库可维护性，并有利于知识的重用；OCML，即可操作概念建模语言，支持知识建模，提供函数、规则以及类、实例等多种类型的知识表示机制，所提供的推理机制作用于过程性知识。

知识库系统重用需要一个能将各层紧密联系在一起的有效机制来组成一个完整体系。本体论则是这一机制的核心。上述的建模方法中，有些虽然并不直接与本体有关，但却为本体在知识工程领域的地位奠定了基础。

根据知识表达的方法不同，可归纳有如下知识建模的方法：产生式规则、框架表示法、谓词逻辑法、语义网络法、本体模型法、知识图谱建模等。这些方法各有优缺点，比如，本体模型法能够反映应用领域的知识和模式，描绘领域概念术语的层次及其关系，因而能够提供复杂的关系表达，逻辑性、结构性好，易于共享。但过程性表达方面有所不足。

知识模型构建包括知识获取、表达和推理中所涉及的语言、工具、技术和方法。其中本体模型法因有利于概念层次上的表达，在描述抽象概念、概念属性及概念术语之间的复杂关系，如等级关系、等同关系、相关关系、逻辑关系、引用关系等方面具有明显优势，所以本研究选择本体模型法作为知识模型构建的方法。

通过使用本体模型法对数据进行提炼分析，形成共识的词汇集，从而能够用明确规范的术语进行概念表达，在知识传递和共享过程中的语义理解上具备唯一性和精确性，提高相应的基于知识的搜索、导航、共享等方面的服务效率，也便于形成统一规范的模式。

2.1.3 知识本体模型法

2.1.3.1 本体及其组成和分类

1. 本体概念

本体（ontology）源自哲学领域，哲学范畴上"本体"是对客观存在的解释或说明，目的是研究客观存在的本质。本体论探讨的是用计算机语言规范表示本体、知识组织的方法论，本体（ontology）则指具体领域的概念体系和其关系以及公理的集合，本体是一个实体。

Neches R. 等人最早给出本体定义："构成相关领域词汇的基本术语和关系，以及利用这些术语和关系构成的规范这些词汇外延的规则。"

Gruber T. R. 提出了本体更通用的概念，经 Borst W. N. 完善、Studer R. 系统化后，提出了本体为"共享概念模型的明确的形式化规范说明"的定义。其中，概念模型是指对客观现象的概念抽象所得到的模型；明确是指对概念及约束的清晰定义；形式化则是指可计算机处理；共享是指共同认可的公认概念集。

2. 本体组成

本体通常由类、关系、函数、公理、实例五种元素组成。

其中类（classes）即概念，是抽象集合。此处的"概念"不仅包括通常的狭义上的概念，也包括诸如功能、任务、原则等通用"概念"的范畴。关系（relations）指概念间的作用与联系。"关系"一般包括等级关系与非等级关系两种形式。等级关系是指概念间的从属、包含等直接关系，非等级关系是等级关系以外的各种关系。概念间基本关系共有四种：继承关系（part-of）、整体部分关系（kind-of）、概念与实例关系（instance-of）和概念与属性关系（attribute-of）。函数（functions）是指概念间的对象属性。公理（axioms）是用于表示天然正确的表达式。实例（instances）是指类（概念）的具体实现。

3. 本体分类

Guarino N. 按照详细程度及对特定领域的依赖程度将本体分类。按详细程度可分为详细程度高的参考本体以及详细程度低的共享本体，按对特定领域依赖程度可从小到大分为顶层本体、领域本体、任务本体和应用本体四种。顶层本体用来描述普遍和通用的概念，独立于任何特定领域，共享性和复用性最好；领域本体用于反映某一特定领域的知识及其关系，复用性较低；任务本体是动态过程中构建的本体；应用本体则是根据具体应用需求而构建的。

2.1.3.2 本体语言、构建标准、方法及工具

1. 本体描述语言

本体描述语言是构建本体所用的描述概念语言，包含语法、语义等语言要素。主要包括 DL、RDF、RDFS、Ontolingua、OCML、FLogic、Loom、XOL、OIL、

DAML、OWL 等，其中 OWL 的应用较为广泛，主要是通过 Web 提供本体的规范及标准。OWL 提供了 OWL Lite、OWL DL 和 OWL Full 三种表达能力和计算效率不同的子语言。

OWL 可用来描述类（class）的层次结构、个体（或称实例）（individual）的数据属性、对象属性（property）以及公理（axiom）四类数据。本体可分为五个基本的建模元素，包括：类（classes），指任何事务；关系（relations），指概念间交互作用；函数（functions），指特殊的关系；公理（axioms），指本体内存在的事实；实例（instances），代表元素。

2. 本体的构建标准

本体的构建标准以 Gruber T. R. 于 1995 年提出的五条标准最具影响力。

①清晰性（clarity）：准确表达概念属性及关系，不可模棱两可；

②一致性（coherence）：定义符合逻辑推理；

③可扩展性（extendibility）：本体具有共享性和复用性；

④最小编码相关性（minimal encoding bias）：尽可能独立于具体的编码语言；

⑤最小承诺（minimal ontological commitment）：尽量减少约束声明，使用公认的概念。

3. 本体构建方法

由于本体相关的构建和开发尚处于发展期，还没有统一的规范和标准，大多数情况下都是根据自己的需求从现有方法中选择和调整。目前构建本体的常见方法有：TOVE 法、骨架法、METHONTOLOGY 法、KACTUS 法、IDEF-5 法、七步法、SENSUS 法和知识工程法等，其中由斯坦福大学医学院的 Natalya F. Noy 等人于 2001 年提出的七步法最受使用者推崇，较具代表性。七步法主要包括① 确定本体的领域与范畴；②考虑现有本体的复用；③列出领域中的概念术语；④定义类和类的等级体系；⑤定义类的属性；⑥定义属性的分面；⑦创建实例。

任何一种本体构建方法都要经过以下几个主要环节：确定本体领域与目标→获取本体数据→厘清数据关系并转换为本体元素→形式化处理。

4. 本体构建工具

常见的本体构建工具有 Protégé、Jena、OntoEdit、WebOnto、Ontolingua、Ontosaurus 等。

本研究选定以 Protégé 为本体构建工具，采用七步法为构建方法，以 OWL 为本体描述语言。

Protégé 是一个运行于 Windows 系统的图形化本体编辑器，由 Stanford 开发。Protégé 的图形化界面风格，便于人们进行本体的类、类与类之间的关系及类的数据属性等方面的定义编辑，可直观显示本体的层次树状结构，且操作流程符合使用习惯。

2.2 知识服务及其理论

2.2.1 知识服务的概念及特征

综合前人有关对知识服务含义的研究,典型的知识服务可定义为以知识的搜索、组织、分析、重组为基础，并依据用户需要解决的问题和所处环境，进而结合到用户解决问题的进程中，目的是能够提供支持知识应用与创新的服务。知识服务是为满足人们的知识需求，从各种显性以及隐性信息中提炼知识、提供服务的过程，是高级阶段的信息服务，它所提供的知识信息是面向实际需要的，具有有效性和针对性的特点。知识服务概括的特点有：①面向知识内容；②围绕知识增值和创新；③基于专业化和个性化；④基于综合集成；⑤以用户满意为目标。

2.2.2 知识服务的类型

知识服务的形式或内容应当不断创新，及时更新陈旧内容，而不应局限于传统内容。

知识服务的主体主要包括图书情报机构，如图书馆、科研院所等，能提供诸如文献与数据库利用、学科导航、知识组织与开发、知识地图、知识可视化等服务；知识服务的客体主要有图书馆读者、科研人员、行业从业人员等，需要提供从信息素养教育等知识支持、信息知识传递到知识推送、个性化推送、参考咨询等方面的全方位服务。

根据知识服务涉及的方面可将其分为文献基础服务、学科知识服务、科研知识服务以及信息素养服务等。文献基础服务包括专题文献分析、文献咨询和文献提供以及传递保障服务等；学科知识服务主要包括学科资源导航、学科竞争力分析、学科发展态势分析、学科资源建设等服务；科研知识服务主要包括科研咨询、科研动态趋势分析等服务；信息素养服务主要包括文献及数据库利用、论文写作、文献及知识检索等服务。

常见的知识服务应用有知识库检索、专家系统及专业领域应用等，其中知识库检索最为常见。知识库检索的主要技术有基于关键字、分面和本体的检索，其中基于本体的检索技术成为热点。专家系统则是使用人工智能技术在专家知识经验库的基础上建立的具有知识表示、推理的模拟智能系统，以应对复杂问题，专家系统需要大量知识积累和问题预设。专业领域应用是针对特定领域、特定用户的特定需求而开发的实现特定功能的独立系统。

2.2.3 知识服务的相关技术

知识服务被越来越多地应用到计算机及网络等现代技术当中，以实现知识和信息的加工和转化。主要涉及的技术有：计算机及网络技术、数据库技术、数据挖掘技术、语义技术、本体技术等数据分析和整合技术，以及专家系统、人工智能、可视化技术等。

面对用户知识需求不断分化、多元、提高的发展趋势，知识服务应当有主动与被动、直接与间接、一般化与个性化、免费与付费的区分度，并且所提供的服务内容应向多元化、专业化、特色化、数字化、个性化以及智慧化等方向发展，以积极应对用户的需求变化。

从本书的研究目的出发，"都市农业职业教育"知识服务目前仍处于初级阶段，缺乏对现有知识的深层挖掘和加工，知识产品和服务手段单一。"都市农业职业教育"的知识服务需用技术手段加强以下几方面工作：①利用本体语义技术加强现有文献知识的深层次挖掘和加工，形成知识库，这是提供更高层次知识服务的基础；②建立智慧化知识检索、知识导航系统，提供语义关联度高、更加智慧、精准、高效率的知识检索服务；③加强用户分析和用户知识需求的收集和分析，提供更加个性化、定制化的知识服务，引导用户利用知识的行为，实现和提高知识价值；④运用知识导航技术，提高知识服务的可扩展性；⑤建立综合智慧化知识服务系统，实现知识管理、知识获取、知识检索、知识产品输出一站式服务。

2.2.3.1 本体技术

基于本体的知识服务的目的是发挥本体知识模型对于知识表达准确、精细化的优势，通过系统化的知识服务实现用户对于获取知识快捷、精准的需求。实现这一目的的关键在于打通"用户→系统→知识"的路径，实现"知识的本体化标引→知识精细化加工处理→精准理解转化用户知识提问"这三个关键环节之间的互通。

如前总结，本体构建的常见方法有 TOVE 法、七步法、骨架法等，常见的本体建构工具有 Protégé、Jena、OntoEdit 等，其中七步法为常用的本体构建方法，Protégé 为常用的本体构建工具。

本体库构建应遵循标准化、可复用性、可扩展性的原则。在建立本体概念类及属性的过程中，我们应当广泛吸收借鉴相关领域专家的指导和意见，加强数据清洗、规范化的管理，使得建立的本体概念模型符合领域专业标准。

在本体知识库的构建中，本体知识模型及实例的转换、导入和标引是关键和难题。一般的人工方法在对大量知识资源进行知识模型类及属性、本体实例标引时往往力不从心。因此更重要的是实现自动化或者人工辅助的半自动化本体转换、导入和标注技术，这样才能更好地适应知识资源快速增长的现状。

在本体模型构建方面，针对已有的相关叙词表，可由领域专家对叙词表进行分析并制定出语义关系转换规则，进而设计出转换程序，实现叙词表向本体的自动转换；也可采用本体工程法，根据叙词表的编制特点和专业领域概念关系，由相关专业人员分析给出专业领域的上层知识关系，并通过机器学习技术从专业领域的语料中学习概念关系，这样通过专业人员的自顶向下结合机器学习的自底向上的半自动化方法来构建本体模型。但由于叙词表的线性关系与本体关系不同，在转化为本体时往往工作量很大，费时费力。

本体实例标注方面，通常可以辅助使用机器学习技术，按照构建的本体概念体系进行自动抽取，但由于自然语言的复杂性，通常需要人工后期调整。因此，更多的是根据已有本体模型、叙词表、特征词表等在已有的数据库、结构化文件之间建立映射关系，通过设计相应的映射规则和映射生成算法，实现数据库到本体之间的半自动构建。例如张楠通过建立从已有关系数据库（RDB）到本体建模语言（RDF）之间的映射关系，设计相应的映射规则和映射生成算法，实现了数据库到本体之间的半自动构建；Hazber定义了基于关系型数据库模式自动构造本体的映射规则，实现转换。

总体而言，利用机器学习方法，按照既定规则半自动化或自动化构建本体的方法能够承担人的大部分工作，可以大大提高本体开发效率。尽管目前还没有比较通用的成熟方法，但本体的自动化已是必然的发展趋势。

此外，对本体知识库的管理也是知识库建设中的一个重要环节。知识库管理的目的是有效处理和组织知识资源，以实现用户高效检索、获取和使用知识信息的需求。一方面，本体的构建是一个必须保持更新并持续完善的过程，知识库管理中对其不断优化、调整和维护对于保持知识库的可用性很重要。另一方面，知识库管理要实现对知识概念的标注和关联，计算出其间的相似度及语义关联度，并且还要分类提取和存储、索引知识概念及语义关联度权值。

建设基于本体知识库的目的就是将杂乱的信息变为有序、关联、可用的结构化知识，从而通过信息知识化和知识有序化实现知识服务化。

2.2.3.2 个性化技术

个性化技术是知识服务的主要潮流和趋势技术之一。个性化信息服务目的是提供符合个人特质及背景信息的知识服务，更有助于快捷、低成本地满足个人知识需求。

个性化知识服务是一种基于用户的信息特点，如信息使用行为、信息需求、习惯及偏好等特征来为用户进行信息行为画像的服务，从而能够向用户提供更加符合其个性化特点，更好满足其个性化需求的信息内容。个性化信息服务目前的应用非常广泛，比如电子商务、网上冲浪、各应用系统等。个性化信息服务应当主要针对用户检索、浏览、借阅的学科、专业、行业等内容特点，用户的文献和信息获取兴趣、偏好特点以及用户的专业、岗位、任务以及学习、研究和受教育情况等背景信息，进行数据挖掘、综合分析，通过聚类、关联等算法技术，实现向用户提供和推荐符合其要求和兴趣的信息，并提升用户体验。个性化技术结合本体技术在简化记录个人特征信息，更好匹配个性化信息及提高检索速度方面具有明显优势，有助于提高知识服务的质量。

个性化技术是通过建立本体知识与用户画像（用户数据）之间的有效交互实现

个性化服务的要求。目前的用户画像构建技术主要有词袋模型、知识图谱以及矩阵分解等技术，其中知识图谱技术应用较为广泛。用户画像是一个动态变化的模型，需要在知识服务中不断更新和完善。个性化服务还应实现与用户知识利用的情境相契合的场景化知识推荐服务，利用各种终端和传感器感知用户应用场景的变化，分析挖掘用户的高频应用场景和行为轨迹，从而建立起用户应用场景模型，实现当用户场景变化时即时推送与场景需求高度匹配的知识服务。

2.2.3.3 知识检索技术

基于本体技术的语义化、本体概念化的特点，知识检索可以简单理解为传统信息检索＋语义本体技术。本体化的知识组织通过细粒度化的知识单元、语义化的知识表示、关联化的知识组织和自动化的知识增长实现了系统处理的可计算、可理解、可推理和可自学习，这些都为知识检索提供了可能。

基于本体的知识检索与传统检索相比，具有更高的检索效率和质量，也更加准确、全面地满足了用户需求，有效降低了用户获取信息的成本。

基于本体的知识检索是为了实现对事实数据的推理及深层次知识检索，以实现高效、精准、全面的检索目的。知识检索主要包括用户检索式优化和扩展以及检索式和事实数据等概念词相关度的计算，检索式优化和扩展是为了更加符合系统要求并更全面、准确地反映用户需求。

基于本体的知识库检索主要流程是：① 搭建本体知识模型库结构和系统；② 使用标引系统把知识资源转化导入系统，形成本体知识资源；③ 处理用户查询时，先对用户的查询语句进行自然语言的本体化处理，将用户输入转化为本体概念集；④ 最后通过系统进行本体推理和相似度计算，匹配出最佳检索结果。基于本体的知识库检索的关键和难点在于用户与系统之间的对话，包括用户提问的准确程度及系统对查询提问的理解程度。根据本体的关联关系特点，可对知识资源检索实现进一步扩展和精化。所谓扩展即针对直接检索的结果，利用本体包含的关联关系进行进一步扩展，所谓精化即针对用户相关的背景信息来提供更加符合个性化的精准信息。

在知识检索方法研究上，主要有相似度、相关度计算，以及诸如多代理（Multi-agent）智能技术、推理技术、IGA 等智能化技术优化知识检索和模型。

目前的知识检索主要在三个方面取得进展，即语言模型的构建及应用、信息检索的扩展以及针对信息检索结果的聚类分析。

在知识检索系统方面，主要包括用户输入及扩展模块、检索模块以及结果反馈模块等。其中用户输入及扩展模块对用户输入的自然语言进行分析、处理和抽取，判断用户的检索需求，进而从本体知识库中根据知识语义关系、逻辑关系对本体概念及其关系进行计算、分析和推理、判断，找到语义关系相关度最佳的词汇，替换用户输入的检索词，形成检索表达式并提交给检索模块进行检索，从而实现初步人机交互和理解。检索模块为系统核心模块，主要是根据检索表达式提交后与本体知识库中的索引库进行相似度匹配计算，得到结果，其中本体推理规则和相似度匹配算法最为关键。结果反馈模块用来检验检索效果，将检索得到的结果去重、排序处理后呈现给用户，由用户自主判定是否合适，如不合适可进行重新匹配计算，同时模块记录下用户检索特点、偏好等检索行为，提供给系统进行个性化匹配，进一步提高检索效率。另外，结果反馈模块还会对用户评价结果进行反馈，方便改进检索模块和算法。

2.2.3.4 知识导航技术

知识导航，一般是指运用特定的知识表示技术（比如本体技术），将特定的领域知识按照一定组织方式在一个统一的界面中清晰有序地显示出来，目的是方便用户高效、便捷地查询、获取其所需的知识。

知识导航充分考虑到领域内知识之间的联系。导航区内可根据用户查询词的特征匹配出相关度与使用率最高的知识概念，以网络关系图的形式供用户选择，用直观的方式将知识脉络清晰地展示出来。同时，知识概念导航可对已有的领域概念以体系化分类呈现，方便用户依据知识脉络按类索引查找。

知识导航体系一般的设计原则为可靠性、合理性、平衡性、易用性、时效性。分别综合考量了对知识概念内容及描述机制的可靠性、对知识组织的合理性、在知识内容的深度与广度之间的平衡度（不是一味追求广度），以及导航界面的美观性、简单易用性和知识内容能否及时更新等方面。

第3章　文献数据研究基础

作为本研究的基础工作之一，前期笔者已经通过两项院级课题《"都市农业职业教育"专题信息服务研究》（XY-SK-13-07）、《"都市农业职业教育"专题文献信息深入研究》（XY-SK-19-14）依次完成了专题汇编文献的收录标准的制定；确定了文献信息采集范围；分析和确定了研究主题概念的内涵并绘制了内涵外延图、确定了专业数据库检索等相关问题（检索词及检索策略等）和专业检索结果的处理流程及排序；完成了与"都市农业职业教育"主题相关的数字化期刊文献的系统搜集和整理、计量分析、汇总，形成了科学排序且具有较高学术影响力的相关专题文献汇编，为本研究铺垫了文献数据的研究基础。

本章节中数据除特别注明外，均获取于 2020 年 4 月。

3.1 前期研究背景及目的

前期研究以图书馆馆藏数字文献信息资源为主要文献信息来源，以数字化文献信息收集、汇聚、筛选及数据整理分析等方法为研究手段，以都市现代农业专业教育研究及办学和人才培养、领导决策、科研辅助等提供专题文献信息及其分析为主要目的，形成针对"都市农业职业教育"专题研究文献的研究报告和专题研究文献汇编。

前期研究希望通过对"都市农业职业教育"的专题文献进行系统梳理和总结、归纳和提炼，对"都市农业职业教育"的一些发展趋势有所总结，并对今后的发展能够有所启发。

3.2 主题概念解析与检索词确定

3.2.1 都市农业职业教育概念解析

本研究的核心主题"都市农业职业教育"是一个复合的主题概念。在研究之初，就要从概念语词的构成、组合方式、语义关系进行必要的解构分析，全面把握主题内涵，这样才能为下一步准确、全面地选用主题词和构建检索式，实现检全率和检准率较好平衡的检索目的打好基础。

"都市农业职业教育"是一个复合主题概念，由"都市农业"和"职业教育"两个专有名词概念组成，这两个名词概念之间属于语词的偏正搭配关系，即前一个词组"都市农业"修饰后一个词组"职业教育"，后一个词组"职业教育"的意义是整个复合概念语义的中心。语义关系如图3-1所示。

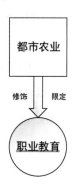

图3-1 "都市农业职业教育"复合主题概念语义关系图

进一步细分来说，"都市农业"和"职业教育"这两个专有名词又分别是具有偏正词间关系的词语复合构成的。"都市农业"概念中，"都市"修饰"农业"，"农业"是"都市农业"这一复合概念的语义中心。"职业教育"概念中，"职业"修饰"教育"，"教育"是"职业教育"这一复合概念的语义中心。因此，"都市农业职业教育"的具体含义应为围绕服务于"都市农业"各具体类型（包括相关产业、业态）所需的学科知识、技术、技能的职业教育及职业培训领域教育教学发展、建设的相关问题和内容。

对于前期研究的数字文献收集来说，应当根据"都市农业职业教育"这一核心主题概念语义构成关系的解析，从严格忠实于"都市农业"和"职业教育"这两个专有名词的特定含义出发，尽可能做到应收尽收，尽量全面地找出能够有利于表达概念某一方面或者几方面含义的具有等同、相似或相近、相关，以及有重要包含等关系的词，并基于全面准确地传达专有名词特定含义以及避免过多不相干的结果出现的原则，进行检索词和检索式的调整，最终达到较好的检全和检准之间平衡的目的。

3.2.1.1 都市农业概念解析

1. "都市农业"内涵

"都市农业"是我国随着改革开放后城镇化的发展而出现的一个较新的领域，是一个内涵外延还在不断发展演进的新概念。

日本地理经济学家青鹿四郎在《农业经济地理》一书中首次对"都市农业"给出定义：都市农业指分布在都市内部区域或外围的一种特殊形态的农业，它依附于都市经济并直接受其影响，其集约化、专业化程度高。

综合并概括前人的研究、定义和发布的相关文件，"都市农业"具有如下特点：位于都市圈，城郊接合部；依托并服务于都市；集约化、多功能、高效益、科技知识密集；生产、生态、生活、休闲功能兼备。"都市农业"是总体生产力水平较高，融商品生产、生物技术、建设、出口创汇、休闲旅游等功能于一体，又兼具市场化、产业化、集约化、科技化特点的现代农业。

2. "都市农业"范畴

作为发展中的新业态，"都市农业"的内涵也在演进变化中。北京市对于发展都市农业有过较为明确的内涵限定。按照《北京市国民经济和社会发展第十二个五年规划纲要》对"都市型现代农业"的定义，限定了籽种农业、休闲农业、循环农业、会展农业、设施农业、节水农业六个概念为"都市农业"的范畴。

此外，像城郊农业、观光农业、生态旅游农业、休闲农园等概念以及各都市地域农业的概念也应属于"都市农业"的范围。

3.2.1.2 职业教育概念解析

1. "职业教育"内涵

多数学者认为"职业教育"是为从事某种职业或生产劳动做准备的教育，其中包括职业学校教育和职业培训。

综合并概括前人的研究和相关文件，"职业教育"有如下主要特点：满足职业和实际生产劳动需要；注重业务知识、技术和技能教育，目的是提高职业能力；内容包括岗位（在职）培训、职前教育、再就业培训等；具有职业性、专门性、生产性、社会性、技术应用性等特点。

2. "职业教育"范畴

"职业教育"作为与"普通教育"并列的教育形式，包含从学历教育到继续教育各种层次的职业教育，如高等职业教育、中等职业教育、初等职业教育及相应的各类职业技术教育学校（技工学校、职业高中、中等专业学校、农业中学、高等职业技术学校等），以及职业培训，涉及职前、在职、职后（再就业）各阶段。

3.2.2 都市农业职业教育检索词确定

1. 检索词的确定条件

检索词的确定要满足检全率、检准率综合平衡的要求，对研究主题概念分面和层次深入分析。选词要忠实于专有名词概念的特定含义，不能随意扭曲、蔓延其含义，确保选出的检索词能准确表达出主题内涵，并按照去重和尽量减少额外检索开销的原则，根据研究需要和实际条件选择适用的基本词汇以及在其基础上组合而成的复合短语作为检索词，构造专业检索式。

2. 选词来源约束

选词来源约束主要有五点：中文主题词词表；计算机检索语词规则；各主要数据库搜索引擎、各数据库智能助手的检索词、共现词、扩展选词提示；词根词缀的派生词变化；是否有文献实际使用量。

3. 检索词的调整办法

检索词经过先扩展、后缩减的调整办法最终得到符合需求的检索词。

（1）检索词扩展

前期研究检索范围包括"中国知网"系列产品（CNKI百科、CNKI远见搜索、CNKI学术趋势、CNKI学术热点、CNKI职业教育教学资源库、CNKI Scholar）以及万方创新助手、万方智搜、维普期刊、维普智立方、人大复印报刊资料、超星发现等数据库和产品。通过全面搜索和筛选，根据各主要文献数据库针对"都市农业"主题检索得到的结果进行分析，从检索结果得到的相关搜索词、主题词和关键词中与前期研究中选出的检索词相互对照，进行筛选后最终确定检索词。

另外，由于"都市农业"中与"休闲农园"相关的主题概念在检索结果中出现较多，虽然这些词属于休闲农业包含的具体内容，但具有一定的典型性意义，也一并筛选入检索词中。

在实际检索中发现"职业教育"的相关概念"人才培养"是一个重要的热点词汇，词义能够涵盖"职业教育"的内涵，所以将"人才培养"也纳入"职业教育"的相关词汇。对于高职、高专、中职、中专这类缩写词，由于其特定本意指代的是高等或中等职业及专科教育，所以也一并收入。另外，由于与"职业学校"相关的主题概念在检索结果中出现较多，且"职业学校"虽属于职业教育所包含的一个具体概念，但也是职业教育所依托的主要实体，因此也一并筛选入相关的检索词中。

（2）检索词缩减

筛选掉前期研究中已经包含了基本概念检索词的词汇。总体尽量减少不必要的检索开销。

4.最终确定的检索词

①"都市农业"最终确定的检索词，如表 3-1 所示。

表 3-1 "都市农业"检索词

检索词类型	检索词
"都市农业"核心概念词	籽种农业、休闲农业、循环农业、会展农业、设施农业、节水农业
"都市农业"同义词（或近义词）及其派生词	都市农业、都市型农业、都市现代农业、都市型现代农业、都市指向型现代农业、城郊农业、城市农业、城郊型农业、城市化农业
"都市农业"相关词（下位词）及其派生词	观光型农业、观光农业、休闲旅游农业、都市生态农业
"都市农业"内涵扩展词及其派生词	农业会展、节水生态农业、生态经济农业、生态旅游农业、农业生态旅游、农业循环经济、体验农业、休闲农园、农业公园、观光农园、市民农园、休闲农场、教育农园、高科技农业园区、森林公园、民俗观光园、民俗农庄、休闲农庄、现代农业园区
"都市农业"地域扩展词	首都农业、北京农业、上海农业、苏州农业、无锡农业、常州农业、长三角农业、珠三角农业、广州农业、佛山农业、东莞农业、武汉农业、西安农业、天津农业、成都农业、重庆农业、沈阳农业、南京农业、泰州农业、长沙农业、哈尔滨农业

以上为最终确定的有关"都市农业"这一概念的检索词，经遴选共计 59 个关键词。

② "职业教育"最终确定的检索词，如表 3-2 所示。

表 3-2　"职业教育"检索词

检索词类型	检索词
"职业教育"同义词（或近义词）及其派生词	职业教育、职教、职业技术教育、职业技能教育、职业化教育
"职业教育"相关词（下位词）及其派生词	职业学历教育、人才培养
"职业教育"内涵扩展词及其派生词	职业培训、职业训练、职业进修、技能培训、继续教育、产业教育、实业教育、再教育、职前教育、专门教育、业务教育、专科教育、业务培训、高职、高专、中职、中专
"职业教育"共现词	职业学校、职业院校、职业技术院校、职业技术学院、专科学校、专科学院、技校、技术学校、技工学校、职业中学、农业中学、专业学校

以上为最终确定的有关"职业教育"这一概念的检索词，经遴选共计 36 个关键词。

5. "都市农业职业教育"概念内涵外延解析图

根据确定的"都市农业"和"职业教育"概念的核心词、同义词（或近义词）及其派生词、相关词（下位词）及其派生词、内涵扩展词及其派生词以及共现词等检索词及词间关系，绘制"都市农业职业教育"概念内涵外延解析图（如图 3-2 所示）。

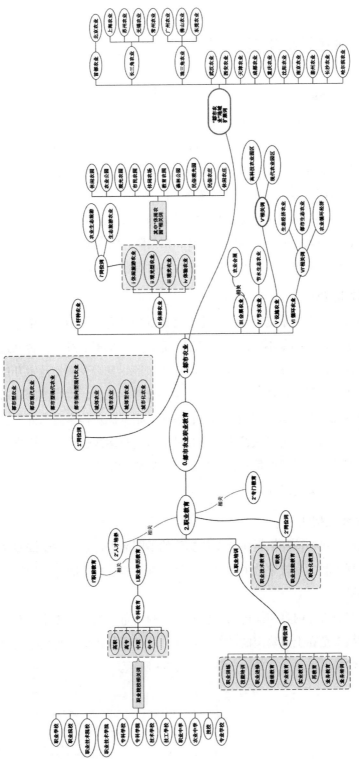

图 3-2 "都市农业职业教育" 概念内涵外延解析图

3.3 专题文献检索及结果分析

3.3.1 检索策略和检索式

如前所述，在前期研究检索实践中，"都市农业职业教育"是一个复合主题概念，由"都市农业"和"职业教育"两部分概念组成。"职业教育"为复合概念的语义中心，"都市农业"为复合概念的限定部分。同时，"都市农业"和"职业教育"这两个专有名词本身分别是由具有偏正词间关系的语词复合构成的，复合而成的专有名词都有其特定的含义。通过概念解析可知，表达"都市农业"和"职业教育"两部分概念的同义、近义、下位、包含和相关概念的词很多。对于这样的检索案例，只有采用构造专业检索式的方式直接进行专业检索，才是唯一可行的方案。

3.3.1.1 检索策略

前期研究所需文献资料的收集主要考虑的原则有：①满足检全率、检准率较好平衡的要求。检索结果不能过多，其中的非相关结果不能过多，否则这样的检索结果可用性很差，筛选成本难以承受；②应当按照尽量减少额外检索开销的原则，根据研究需要和实际条件选择适用的检索策略和检索范围，检索范围要适当，并有代表性与典型性；③对检索初检结果进行分析，根据满足检索需求的程度，必要情况下调整检索策略，进行二次检索，需要的话可进行多次迭代二次检索，实施扩检或缩检，直到检索结果相对优化；④最终通过对检索结果的进一步去重、筛选、排序得到研究所需的文献集合。

3.3.1.2 检索式构建

专业检索式构造需根据所选择数据库的不同而进行修改。要按照其规定的专业检索语法规则和检索式字数的限制，有针对性地构造相应的专业检索式，得到所需的检索结果集。

根据前期研究内容和筛选出的检索词，利用布尔逻辑算法建立专业检索式。最终的检索结果是在上述确定的"都市农业"及"职业教育"两组相关检索词所获得的两个文献并集基础上的文献交集，如图3-3所示。

图 3-3　"都市农业职业教育"结果文献集合

【（"都市农业"相关词文献并集）与（"职业教育"相关词文献并集）】的交集，即"都市农业"∩"职业教育"。

1. 检索入口/途径

前期研究是从"都市农业职业教育"这一主题概念出发进行概念解析找到相关的检索词实现检索。因此检索入口/途径也为主题途径。

主题途径包括对篇名、关键词、中文摘要三个字段内容的检索。检索特征项设定为"主题"途径，即可检索出这三项中任意一项或多项满足指定检索条件的文献。

2. 检索匹配方式

基于检准率的要求，检索词与检索内容要进行精确匹配，以控制和防止因检索词被拆开导致的非相关结果过多，对正确结果造成不必要的干扰。

3. 检索式运算方式

按照以上检索策略的要求，对同一主题概念的检索词进行布尔逻辑并集运算，集中包含检索词相关的所有文献；对于两个主题概念（"都市农业"与"职业教育"）进行布尔逻辑交集运算，集中所有同时符合两个主题概念的文献。

通常的布尔逻辑算符如下：

并集：布尔逻辑"或""+""OR"；

交集：布尔逻辑"与""*""AND"。

3.3.1.3 检索范围

①文种（语种）和加工层次：本研究仅限于国内的中文文献和一次文献。

②时间范围：出于检全率的考虑，以及"都市农业职业教育"以人文社会科学方面学科为主的特点，对时间要求不是很强。所以在数据来源上还是要尽量扩大覆盖范围，对时间范围不做限定。

③学科范围：同理，对检索的学科范围也不做限制。

④数据库类型：选择全文数据库。

⑤文献类型：因学术期刊论文出版和传播速度较快、观点较新、学术价值较高等优点，也因本研究人员精力及成本有限，本研究专题文献检索范围以学术期刊论文为主。

3.3.2 数据库的选择及检索实践

3.3.2.1 数据库的选择

数据库选择的主要原则：① 国内主要的、主流的；② 文献收录范围较为全面；③ 得到学术界公认；④ 检索功能较强，相关结果较易获得。

目前国内的综合性中文全文数据库以中国知网、万方数据、维普科技期刊和超星读秀知识库四大数据库为主，它们各有特点，也有一定的内容重合度。实际使用中应当从这几个数据库的性能、功能以及可获得结果的数量和质量等方面综合衡量，择优选择。表 3-3 为三大中文数据库的内容数量指标比较（由于超星读秀知识库无数据，所以不列入）。

表 3-3　三大中文全文数据库主要内容数量指标比较

数据库	学术期刊论文	学位论文	会议论文
中国知网	总量 16704 万余篇 中文期刊 8760 余种，5640 万余篇。其中北大核心期刊 1960 余种；外文期刊 5.7 万余种、1.0 余亿篇；SCI、EI 来源期刊 135 万余篇；北大核心、CSSCI、CSCD 来源期刊共 1291 万余篇	总计 452 万余篇 博士论文 42 万余篇；硕士论文 410 万余篇	总计 433 万余篇 国内会议 248 万余篇；国际会议 86 万余篇；会议论文集 3 万册，共 99 万余篇

续表

数据库	学术期刊论文	学位论文	会议论文
万方数据	总量 13247 万余篇 国内期刊共 8000 余种；国外期刊 40000 余种；核心期刊 2300 余种	总计 635 万余篇	总计 1392 万余篇
维普科技期刊	总量 7143 万余篇 期刊总计 15723 种，其中现刊 9000 余种	无	无

数据来源：各数据库官方。

表 3-4 是根据"都市农业"和"职业教育"词义解析及调整得到的检索词以及根据各数据库专业检索的对应的语法规则编制的检索式，并根据检索式字数限制进行检索式拆分后对期刊论文、学位论文、会议论文检索得到的结果比较。

表 3-4　四大中文全文数据库"都市农业职业教育"专业检索式及检索结果比较

数据库	专业检索式	专业检索式拆分	拆分式结果	结果总数
中国知网	SU =（'籽种农业'+'休闲农业'+'循环农业'+'会展农业'+'设施农业'+'节水农业'+'都市农业'+'都市型农业'+'都市现代农业'+'都市型现代农业'+'都市指向型现代农业'+'城郊农业'+'城市农业'+'城郊型农业'+'城市化农业'+'观光型农业'+'观光农业'+'休闲旅游农业'+'都市生态农业'+'农业会展'+'节水生态农业'+'生态经济农业'+'生态旅游农业'+'农业生态旅游'+'农业循环经济'+'体验农业'+'休闲农园'+'农业公园'+'观光农园'+'市民农园'+'休闲农场'+'教育农园'+'森林公园'+'民俗观光园'+'民俗农庄'+'休闲农庄'+'高科技农业园区'+'现代农业园区'+'首都农业'+'北京农业'+'上海农业'+'苏州农业'+'无锡农业'+'常州农业'+'长三角农业'+'珠三角农业'+'广州农业'+'佛山农业'+'东莞农业'+'武汉农业'+'西安农业'+'天津农业'+'成都农业'+'重庆农业'+'沈阳农业'+'南京农业'+'泰州农业'+'长沙农业'+'哈尔滨农业'）and SU =（'职业教育'+'职教'+'职业技术教育'+'职业技能教育'+'职业化教育'+'职业学历教育'+'职业培训'+'职业训练'+'职业进修'+'技能培训'+'继续教育'+'产业教育'+'实业教育'+'再教育'+'职前教育'+'专门教育'+'业务教育'+'专科教育'+'业务培训'+'高职'+'高专'+'中职'+'中专'+'职业学校'+'职业院校'+'职业技术院校'+'职业技术学院'+'专科学校'+'专科学院'+'技校'+'技术学校'+'技工学校'+'职业中学'+'农业中学'+'专业学校'+'人才培养'）	无须拆分	无	学术期刊论文 993 条；学位论文 71 条；会议论文 19 条

续表

数据库	专业检索式	专业检索式拆分	拆分式结果	结果总数
万方数据	（主题：（"籽种农业"+"休闲农业"+"循环农业"+"会展农业"+"设施农业"+"节水农业"+"都市农业"+"都市型农业"+"都市现代农业"+"都市型现代农业"+"都市指向型现代农业"+"城郊农业"+"城市农业"+"城郊型农业"+"城市化农业"+"观光型农业"+"观光农业"+"休闲旅游农业"+"都市生态农业"+"农业会展"+"节水生态农业"+"生态经济农业"+"生态旅游农业"+"农业生态旅游"+"农业循环经济"+"体验农业"+"休闲农园"+"农业公园"+"观光农园"+"市民农园"+"休闲农场"+"教育农园"+"森林公园"+"民俗观光园"+"民俗农庄"+"休闲农庄"+"高科技农业园区"+"现代农业园区"+"首都农业"+"北京农业"+"上海农业"+"苏州农业"+"无锡农业"+"常州农业"+"长三角农业"+"珠三角农业"+"广州农业"+"佛山农业"+"东莞农业"+"武汉农业"+"西安农业"+"天津农业"+"成都农业"+"重庆农业"+"沈阳农业"+"南京农业"+"泰州农业"+"长沙农业"+"哈尔滨农业"））*（主题：（"职业教育"+"职教"+"职业技术教育"+"职业技能教育"+"职业化教育"+"职业学历教育"+"职业培训"+"职业训练"+"职业进修"+"技能培训"+"继续教育"+"产业教育"+"实业教育"+"再教育"+"职前教育"+"专门教育"+"业务教育"+"专科教育"+"业务培训"+"高职"+"高专"+"中职"+"中专"+"职业学校"+"职业院校"+"职业技术院校"+"职业技术学院"+"专科学校"+"专科学院"+"技校"+"技术学校"+"技工学校"+"职业中学"+"农业中学"+"专业学校"+"人才培养"））	无须拆分	无	学术期刊论文4274条；学位论文158条；会议论文112条

续表

数据库	专业检索式	专业检索式拆分	拆分式结果	结果总数
维普科技期刊	（M= 籽种农业 +M= 休闲农业 +M= 循环农业 +M= 会展农业 +M= 设施农业 +M= 节水农业 +M= 都市农业 +M= 都市型农业 +M= 都市现代农业 +M= 都市型现代农业 +M= 都市指向型现代农业 +M= 城郊农业 +M= 城市农业 +M= 城郊型农业 +M= 城市化农业 +M= 观光型农业 +M= 观光农业 +M= 休闲旅游农业 +M= 都市生态农业 +M= 农业会展 +M= 节水生态农业 +M= 生态经济农业 +M= 生态旅游农业 +M= 农业生态旅游 +M= 农业循环经济 +M= 体验农业 +M= 休闲农园 +M= 农业公园 +M= 观光农园 +M= 市民农园 +M= 休闲农场 +M= 教育农园 +M= 森林公园 +M= 民俗观光园 +M= 民俗农庄 +M= 休闲农庄 +M= 高科技农业园区 +M= 现代农业园区 +M= 首都农业 +M= 北京农业 +M= 上海农业 +M= 苏州农业 +M= 无锡农业 +M= 常州农业 +M= 长三角农业 +M= 珠三角农业 +M= 广州农业 +M= 佛山农业 +M= 东莞农业 +M= 武汉农业 +M= 西安农业 +M= 天津农业 +M= 成都农业 +M= 重庆农业 +M= 沈阳农业 +M= 南京农业 +M= 泰州农业 +M= 长沙农业 +M= 哈尔滨农业 ）*（M= 职业教育 +M= 职教 +M= 职业技术教育 +M= 职业技能教育 +M= 职业化教育 +M= 职业学历教育 +M= 职业培训 +M= 职业训练 +M= 职业进修 +M= 技能培训 +M= 继续教育 +M= 产业教育 +M= 实业教育 +M= 再教育 +M= 职前教育 +M= 专门教育 +M= 业务教育 +M= 专科教育 +M= 业务培训 +M= 高职 +M= 高专 +M= 中职 +M= 中专 +M= 职业学校 +M= 职业院校 +M= 职业技术院校 +M= 职业技术学院 +M= 专科学校 +M= 专科学院 +M= 技校 +M= 技术学校 +M= 技工学校 +M= 职业中学 +M= 农业中学 +M= 专业学校 +M= 人才培养 ）	无须拆分	无	学术期刊论文 698 条

数据库	专业检索式	专业检索式拆分	拆分式结果	结果总数
超星读秀知识库*	（K=籽种农业 |K=休闲农业 |K=循环农业 |K=会展农业 |K=设施农业 |K=节水农业 |K=都市农业 |K=都市型农业 |K=都市现代农业 |K=都市型现代农业 |K=都市指向型现代农业 |K=城郊农业 |K=城市农业 |K=城郊型农业 |K=城市化农业 |K=观光型农业 |K=观光农业 |K=休闲旅游农业 |K=都市生态农业 |K=农业会展 |K=节水生态农业 |K=生态经济农业 |K=生态旅游农业 |K=农业生态旅游 |K=农业循环经济 |K=体验农业 |K=休闲农园 |K=农业公园 |K=观光农园 |K=市民农园 |K=休闲农场 |K=教育农园 |K=森林公园 |K=民俗观光园 |K=民俗农庄 |K=休闲农庄 |K=高科技农业园区 |K=现代农业园区 |K=首都农业 |K=北京农业 |K=上海农业 |K=苏州农业 |K=无锡农业 |K=常州农业 |K=长三角农业 |K=珠三角农业 |K=广州农业 |K=佛山农业 |K=东莞农业 |K=武汉农业 |K=西安农业 |K=天津农业 |K=成都农业 |K=重庆农业 |K=沈阳农业 |K=南京农业 |K=泰州农业 |K=长沙农业 |K=哈尔滨农业）*（K=职业教育 |K=职教 |K=职业技术教育 |K=职业技能教育 |K=职业化教育 |K=职业学历教育 |K=职业培训 |K=职业训练 |K=职业进修 |K=技能培训 |K=继续教育 |K=产业教育 |K=实业教育 |K=再教育 |K=职前教育 |K=专门教育 |K=业务教育 |K=专科教育 |K=业务培训 |K=高职 |K=高专 |K=中职 |K=中专 |K=职业学校 |K=职业院校 |K=职业技术院校 |K=职业技术学院 |K=专科学校 |K=专科学院 |K=技校 |K=技术学校 |K=技工学校 |K=职业中学 |K=农业中学 |K=专业学校 |K=人才培养）	拆分字数要求过小，无法拆分	略	略

注："超星读秀知识库"因检索式限制，字数过少，拆分过多，破坏检索式完整性，使得"都市农业"和"职业教育"这两部分集合都同时被拆分，无法进行检索，所以忽略其检索结果。

通过以上对比和实际检索，我们可以对四个综合性全文数据库专业检索方面的性能做出以下评价：

（1）中国知网

检索性能和响应时间表现都算不错；从内容指标看，学术期刊论文收录总数最多，学术界认可度高；通过专业检索得到的学术期刊论文数量适当，属于可接受的范围，便于收集筛选文献并进行下一步研究工作。

（2）万方数据

检索性能和响应时间表现都算不错；从内容指标看，学术期刊论文文献收录总数较多，但通过专业检索得到的学术期刊论文数量过多（原因不明），导致筛选出需要的文献成本过高，可获得性差。对于学位和会议论文来说，万方数据收录的数量要多于中国知网，且通过专业检索得到的学位和会议论文数量也多于中国知网。因此，可以利用万方数据检索和获取所需的学位论文和会议论文。

（3）维普科技期刊

检索性能和响应时间表现都算不错；但是维普科技期刊收录的学术期刊论文总数明显少于知网和万方，这将影响检索结果的检全率。因此，本研究不采用维普期刊论文。

（4）超星读秀知识库

因检索式限制字数过少，拆分过多，破坏了检索式完整性，使得"都市农业"和"职业教育"这两部分集合都一起被拆分，造成检索混乱，无法完成检索，结果可获得性困难。因此，不能采用超星读秀知识库完成本研究。

综上比较，最终选择"中国知网"学术期刊库作为前期研究的学术期刊论文数据库及文献来源。万方数据库可作为学位论文和会议论文的数据库和文献来源。

3.3.2.2 检索流程

确定选择"中国知网"期刊全文数据库之后，下一步应当对检出结果大致浏览检查，判断不相关结果比率是否过多，进而考虑能否通过二次检索或适当增加检索式限制条件进行缩检。在排除造成误检的技术性因素之后，对最终检索得到的结果，需进行人工筛选过滤，去除不相关结果并进行排序，得到的结果即为所需的文献源。检索结果排序使用下载频次和被引频次这两个维度进行排序，最终前期课题研究用文献集以单篇文献影响值排序。

检索步骤如下：

① 对专业检索式的检索结果按"下载频次→被引频次"的排序顺序导出结果。

② 浏览结果，综合判断其中不相关结果是否可通过增加检索限制条件重构检索式或对当前结果进行二次检索减少数量。重新检索后回到步骤①对结果排序。

③ 人工判断筛选（先根据题名、摘要判断，不确定时打开全文通览判断）去除不相关结果后以单篇文献影响值重新排序，得到最终排序结果。排序顺序一定程度上可以显示该篇文献的学术影响力和学术水平。

专业检索处理流程如图 3-4 所示。

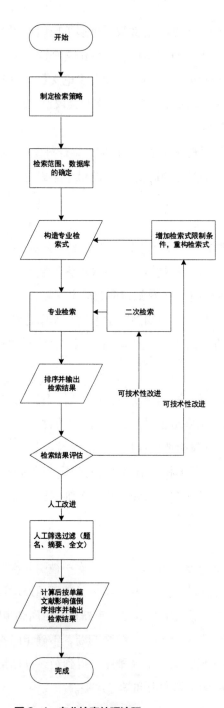

图3-4 专业检索处理流程

3.3.2.3 检索结果的处理

在对"中国知网"学术期刊库使用专业检索后得到 993 条检索结果（表 3-4），但这个结果数量还是较多，给文献分析带来困难。因此，必须要有效缩小结果文献数量，使得最终提供研究的文献总量具备高质量、高相关性特点，并有一定代表性，而有效的缩检或文献筛选对前期研究来说就显得至关重要。

1.结果概览

从对整个检索结果的浏览来说，整体情况是包含内容较为杂乱。

首先是包含的学科、专业较多。且随着被引率、下载量的下降，还出现了不少毫不相关的结果，比如消息、动态、简讯、宣传报道等，以及简介、讲话稿、目录、人物访谈甚至广告等跟学术期刊论文完全不相关的结果。但是这些结果却很难从构建检索式上来避免，原因是这些信息的出现无明确规律，且都是在学术期刊上刊登的，出现这样的结果是由于数据库错误的收录，因此现在只能通过人工浏览筛选掉。

除上述这些非学术性结果以外，还出现了不少看上去与"都市农业职业教育"这一主题不够相关的结果。要想解决这些问题，一方面是必须对研究主题的相关性有更明确具体的定义，方便判别；另一方面就是进一步判断这些不相关结果是什么原因造成的。能否通过技术手段，比如增加检索限制条件或进行二次检索来减少。

2.相关性判别标准

（1）专业性

如前述，籽种农业、休闲农业、循环农业、会展农业、设施农业、节水农业这六个是与都市农业密切相关的学科、专业和行业。因此，在相关性判别标准中，这六个学科专业可作为符合要求的主要专业范围。而对于"北京农业职业学院"来说，大的专业方向，比如园林园艺类、畜牧兽医类、水利机电信息化类、经营管理类、环境类、食品与生物类、休闲旅游类等都可归为与"都市农业"密切相关的专业。

对于围绕都市农业职业教育发展和建设，以及围绕"都市农业"相关各专业发展和建设的符合专业性要求的文献,应予收录。而对于其他关系不大的学科专业来说，认为相关性不大，不具代表性，不予收录。

（2）学术性

收录符合"都市农业职业教育"主题要求的学术性文献。具体的学术性要求主要在文献体裁方面。对于格式完整性、篇幅、被引率和下载率等影响学术性的因素放在最终进行文献影响力排序计算时再进行统一考虑。

文献体裁应当是学术论文。对于结果中出现的非学术性文献信息都需要排除掉，比如消息、动态、简讯、宣传报道等，以及简介、讲话稿、目录、人物访谈、广告等。

（3）主题相关性

符合"都市农业"和"职业教育"这两个主题要求，总体标准是定位都市圈，符合为都市农业发展培养所需要的各方面专业人才的目的，重在收集具有启发性、创新性的理论和实践意义的文献。因此，对于都市农业方面的人才培养、继续教育、职业培训、新型职业农民培育等方面的文献，也符合主题要求，予以收录。而对于单纯探讨某一专业领域中技术细节性的文献，不符合主题，不予收入。

3.实际的检索结果处理

根据上述，对于检索结果中出现的不相关结果进行综合分析，发现并无比较普遍性的特征和规律，因此，通过二次检索或重构专业检索式来实现缩减，减少不相关结果的方式基本不可行，只能通过人工筛选和过滤结果。所以，对结果的处理主要就是人工处理的过程。

（1）甄别、筛选

对"中国知网"期刊库进行专业检索式检索结果为993条。按照上述原则人工筛选，去除非相关专业、非学术性或学术性不强且不符合相关主题的文献得出最终结果为469篇文献。

筛选过程包含以下两步：第一步"粗筛"，即通过浏览结果列表，可以直接判断出文体不符文献，进行筛除；第二步"细筛"，即筛除不符合相关专业及主题要求的文献。必要时需浏览查看具体内容后再做最后判断。经过这样粗、细两道筛选过程，保证了最终结果的检准率。

（2）结果文献排序及分类

对最终的469篇文献进行排序。结果文献按内容侧重点不同可以大致划分为以下两类：①都市农业职业教育有关理论以及合作办学、人才培养、继续教育、新型职业农民培育等相关文献；②都市农业职业教育有关学科专业建设、教育教学改革和教法研究等相关文献。

3.3.3 检索结果及分析

前期研究通过使用专业检索完成了复合主题概念的文献检索任务，最终检索结果集中了有关"都市农业职业教育"的主要期刊学术论文，为后续研究打下了基础。本节主要对检索结果进行多维度的文献计量分析，总结发现其中的规律及特点。

对于检索结果中存在一定比例误检率的问题，尽管经过详细的主题概念分析后构造了复杂的专业检索式进行专业检索，以最大限度地提高检全率和检准率，但这样也不能有效地避免结果中的误检率。究其原因主要是数据库本身错误收录了不是学术论文的信息，需要对数据库进一步优化和加强数据来源管理解决此问题。对于内容不相关，但是从题名文摘等不易区分的文献就必须通过通读全文来进行判断。

3.3.3.1 检索结果文献第一作者情况

根据专题文献的专业检索结果，对 469 篇文献按照第一责任者排序。从中选择发文量多于 2 篇的"都市农业职业教育"研究较活跃的前 17 位作者排名（由于发文2 篇的作者较多，还有 50 位未列其中）。从图 3-5 和表 3-5 中可以看出，这 17 位作者的所在机构分布相对集中，其中有 6 位为北京农业职业学院，3 位为苏州农业职业技术学院，2 位为成都农业科技职业学院，2 位为北京农学院；辽宁农业职业技术学院、沈阳农业大学畜牧兽医学院、湖南生物机电职业技术学院和包头轻工职业技术学院各有 1 位。以上数字基本可以说明目前在"都市农业职业教育"专题研究领域，处于北京农业职业学院、成都农业科技职业学院、苏州农业职业技术学院三足鼎立的状态，其中北京农业职业学院在这方面的学术研究表现尤为突出和活跃。

从统计数据还可看出，有 67 位相对活跃作者（约占总共 402 位作者的 17%）共发表了 161 篇文献（约占 469 篇文献总量的 34%），贡献率比较突出。

表 3-5　"都市农业职业教育"研究较活跃作者排名（前 17）

序号	第一责任人	发文数量/篇	所在机构
1	王慧敏	6	北京农学院
2	崔砚青	6	北京农业职业学院
3	夏红	4	苏州农业职业技术学院
4	郝婧	4	北京农业职业学院
5	杜晓林	4	北京农业职业学院
6	杜保德	4	北京农业职业学院
7	尹荣焕	3	沈阳农业大学畜牧兽医学院
8	许亚东	3	成都农业科技职业学院
9	祁连弟	3	包头轻工业技术学院
10	马俊哲	3	北京农业职业学院
11	李秀华	3	北京农业职业学院
12	李克俭	3	苏州农业职业技术学院
13	黄顺	3	苏州农业职业技术学院
14	费显伟	3	辽宁农业职业技术学院
15	范双喜	3	北京农学院
16	邓继辉	3	成都农业科技职业学院
17	陈一鑫	3	湖南生物机电职业技术学院

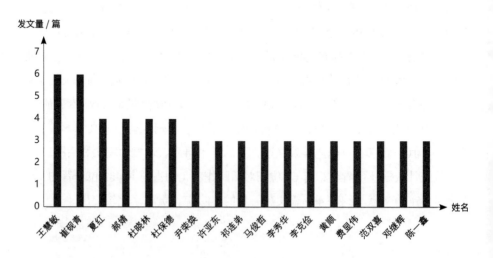

图 3-5　"都市农业职业教育"研究较活跃作者（前 17）

3.3.3.2 检索结果文献第一作者机构情况

表 3-6 和图 3-6 展示了发文量多于 3 篇的 18 家机构名称及发文量。

表 3-6 "都市农业职业教育"研究发文量较多的机构排名（前 18）

序号	机构名称	发文数量 / 篇
1	北京农业职业学院	77
2	苏州农业职业技术学院	77
3	成都农业科技职业学院	48
4	北京农学院	33
5	天津农学院	24
6	沈阳农业大学	14
7	黑龙江农业工程职业学院	9
8	金陵科技学院	8
9	浙江同济科技职业学院	8
10	上海农林职业技术学院	7
11	仲恺农业工程学院	7
12	辽宁农业职业技术学院	6
13	南京农业大学	6
14	宁夏葡萄酒与防沙治沙职业技术学院	4
15	安徽农业大学园艺学院	4
16	河北科技师范学院	4
17	湖南生物机电职业技术学院	4
18	潍坊学院	4

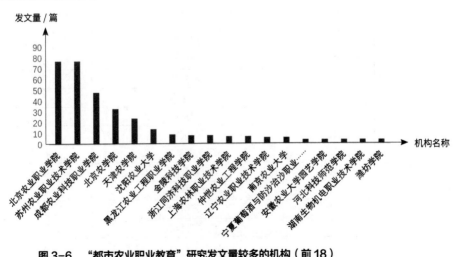

图 3-6 "都市农业职业教育"研究发文量较多的机构（前 18）

上述图表与表3-5所呈现的结果类似，北京农业职业学院、苏州农业职业技术学院、成都农业科技职业学院以及北京农学院、天津农学院五家机构的发文量远高于其他机构，尤其前三家机构可以认为是"都市农业职业教育"方面最为活跃的第一梯队，是学科研究、发展和建设等方面的重要力量。前五家机构在所有119家机构中占比4%，其发文量却达到了259篇，约占469篇文献总量的55%；前18家机构在共119家机构中占比15%，其发文量达到了344篇，约占469篇文献总量的73%。

3.3.3.3 检索结果文献第一作者机构所处地域情况

根据以上对机构发文的分析，进一步对作者机构所在的地理位置进行分析得到表3-7（发文量 >1 篇）。

表3-7 "都市农业职业教育"专题文献第一作者机构发文量地理分布排名

序号	作者机构所属地区	发文数量 / 篇
1	北京	119
2	江苏苏州	78
3	四川成都	48
4	天津	30
5	辽宁沈阳	15
6	江苏南京	14
7	浙江杭州	12
8	上海	11
9	宁夏银川	10
10	广东广州	10
11	黑龙江哈尔滨	9
12	湖南长沙	8
13	福建福州	7
14	江苏昆山	7
15	辽宁营口	6
16	陕西咸阳	4
17	河北秦皇岛	4
18	安徽合肥	4
19	山东潍坊	4
20	江苏镇江	3
21	内蒙古包头	3
22	山东青岛	3

续表

序号	作者机构所属地区	发文数量 / 篇
23	湖北武汉	2
24	河南洛阳	2
25	安徽滁州	2
26	四川德阳	2
27	四川雅安	2
28	甘肃武威	2
29	内蒙古呼和浩特	2
30	广西桂林	2

从表 3-7 可以看出，发文机构地理分布类似，北京、苏州、成都、天津四个地区的发文量远高于其他地区，是在"都市农业职业教育"研究方面十分活跃的地区。这四个地区在共 74 个地点中占比 5%，其发文量却达到了 275 篇，约占文献总量的59%，"帕累托法则"的效应明显；前 30 个地区在共 74 个地区中占比约为 41%，其发文量约为文献总量的 91%。

由表中数据可分析得出，目前"都市农业职业教育"专题文献的分布还是以京津区域、长三角区域、四川成都以及辽宁沈阳、江苏南京、浙江杭州一带为主，与"都市农业"服务城市圈、地处都市区域的特点相一致。整体说来，除京津区域、"长三角"、成都区域较好以外，"都市农业职业教育"研究区域仍较分散，研究热点地区较少且相对孤立，中西部区域几乎很少涉足，可以说对"都市农业职业教育"的研究还处在上升发展阶段。

3.3.3.4 检索结果文献关键词情况

通过分析作为指示文献主要内容的关键词指标，我们能够了解文献研究的热点和重点。对检索结果 469 篇文献所用的关键词进行排序和统计，我们可以得到所有关键词的总数和词频情况。

经统计，全部 469 篇文献共使用了 1931 个关键词，去重后有 976 个不同的关键词。其中词频为 1 次的共有 737 个，词频大于 5 次的共有 50 个，详细情况见表 3-8。因词频少于 5 次（含）的关键词数量很多且非常分散，所以这些关键词不在表中列出。

表3-8 "都市农业职业教育"专题文献较高词频（>5次）关键词排名

序号	关键词	词频/次
1	人才培养	71
2	高职院校	38
3	都市农业	37
4	人才培养模式	32
5	高职	28
6	教学改革	25
7	农业	24
8	都市型农业	23
9	实践教学	20
10	培养模式	17
11	都市型现代农业	17
12	实践	17
13	职业教育	16
14	高等职业教育	16
15	设施农业科学与工程	16
16	创新	16
17	农业职业教育	15
18	休闲农业	15
19	北京农业职业学院	14
20	课程体系	12
21	校企合作	12
22	设施农业	12
23	新农村建设	11
24	高职教育	11
25	现代学徒制	11
26	现代农业	11
27	实训基地	10
28	课程改革	8
29	建设	8
30	园艺专业	8
31	农民	8
32	农业院校	8

续表

序号	关键词	词频 / 次
33	北京市	8
34	探索	7
35	继续教育	7
36	高等农林职业教育	7
37	顶岗实习	7
38	劳动者	7
39	观光农业	7
40	创新创业	7
41	创新人才	7
42	专业建设	7
43	新型职业农民	6
44	高等农业教育	6
45	实践教学体系	6
46	沿海都市型现代农业	6
47	构建	6
48	园艺技术专业	6
49	苏州农业职业技术学院	6
50	对策	6

从表 3-8 可看出，前 50 个关键词仅约占 976 个不同关键词总数的 5%，其词频数量却达到了 706 次，约占总数 1931 次的 37%。

图 3-7 用云图的方式形象地揭示了有关"都市农业职业教育"专题文献的关键词词频情况，突出展示了"都市农业职业教育"文献研究以人才培养及其模式、高职院校和都市农业发展、教学改革和实践教学、设施农业和休闲农业以及校企合作、现代学徒制等为主，这些也代表了"都市农业职业教育"研究和实践的重点及热点。

图 3-7 "都市农业职业教育"专题文献关键词词频云图（＞5次）

3.3.3.5 检索结果文献基金资助情况

文献是否属于基金资助项目以及基金级别的情况能够在一定程度上反映文献的学术价值及科学研究的深度和广度。

经过对469篇检索结果文献基金资助情况排序统计，我们得出如下结果（如表3-9所示）。

表 3-9 "都市农业职业教育"专题文献基金资助情况

基金级别	资助文献数量 / 篇
国家级（或全国性）	17
省部级	103
地市级	51
校级	77
总计	248

从表中可以看出，469篇专题文献中共有248篇有基金资助，占比约53%。248篇有基金资助的文献，其中有120篇获得了国家级（或全国性）及省部级基金资助，占比约48%。

3.3.3.6 检索结果文献的载体情况

我们根据"都市农业职业教育"专题文献检索的结果，按载体刊物进行排序，得出共有 181 家刊物登载了检索结果文献，之后按刊物发文量 > 3 篇的标准进行筛选，共得出 24 家刊物，结果如表 3-10 和图 3-8 所示。

表 3-10 "都市农业职业教育"专题文献载体刊物发文量（>3 篇）情况

序号	刊名	发文量 / 篇
1	高等农业教育	37
2	北京农业职业学院学报	28
3	中国职业技术教育	27
4	安徽农业科学	16
5	中国农业教育	14
6	现代农业科技	14
7	黑龙江畜牧兽医	14
8	北京教育（高教版）	12
9	教育教学论坛	11
10	职业教育研究	10
11	安徽农学通报	7
12	职业技术教育	6
13	科教导刊（中旬刊）	5
14	教育现代化	5
15	当代职业教育	5
16	中国校外教育	4
17	职教通讯	4
18	学理论	4
19	沈阳农业大学学报（社会科学版）	4
20	农业科技管理	4
21	农村经济与科技	4
22	课程教育研究	4
23	科技信息	4
24	继续教育研究	4

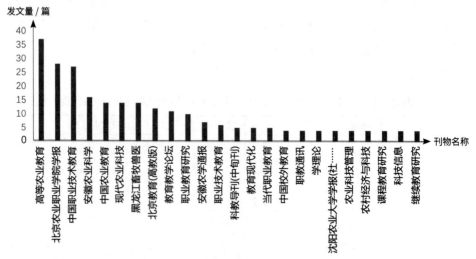

图 3-8　"都市农业职业教育"专题文献载体刊物发文量（>3 篇）情况

从以上图表可以看出，发文量前三的刊物是高等农业教育、北京农业职业学院学报、中国职业技术教育，占 181 家刊物不到 2% 的比例，以 92 篇的发文量约占总数 469 篇文献的 20%。筛选出的 24 家刊物的发文量为 247 篇，以 181 家刊物约 13% 的比例刊发了占总数 469 篇约 53% 的文献。可见，"都市农业职业教育"载体刊物的"帕累托法则"集聚效应很明显。

在总数 469 篇文献中，其中的 82 篇刊登在核心期刊上，约占总数的 17%。

在发文量前三的刊物中，《北京农业职业学院学报》是唯一的高职学报，说明其在全国"都市农业职业教育"的学术性刊物中为传播相关理论和研究发挥了比较重要的作用。

3.3.3.7 检索结果文献发文量年度分布

我们根据"都市农业职业教育"专题文献检索的结果，按发表年份进行排序，如表 3-11 和图 3-9 所示。

表 3-11 "都市农业职业教育"专题文献发文量年度分布情况

序号	年份	发文量 / 篇
1	1992 年	1
2	1993 年	0
3	1994 年	1
4	1995 年	0
5	1996 年	1
6	1997 年	0
7	1998 年	2
8	1999 年	4
9	2000 年	2
10	2001 年	1
11	2002 年	0
12	2003 年	4
13	2004 年	3
14	2005 年	3
15	2006 年	4
16	2007 年	15
17	2008 年	13
18	2009 年	27
19	2010 年	36
20	2011 年	29
21	2012 年	38
22	2013 年	52
23	2014 年	42
24	2015 年	40
25	2016 年	32
26	2017 年	44
27	2018 年	39
28	2019 年	34
29	2020 年	2

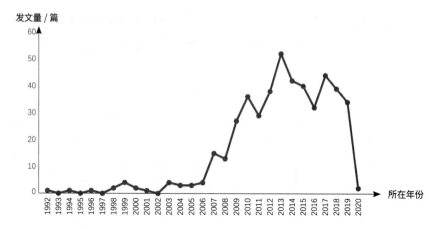

图 3-9　"都市农业职业教育"专题文献发文量年度分布

从以上图表可以看出，"都市农业职业教育"起始研究时间是 1992 年，从 2006 年开始有了明显增长趋势，并且在之后基本保持了持续增长的态势。其中 2011 年和 2016 年有暂时性的回落，2013 年达到了历史最高点——52 篇。研究热点年份前三及其发文数量为 2013 年 52 篇、2017 年 44 篇、2014 年 42 篇。

3.3.4 检索结果文献影响力排序及文献集输出

3.3.4.1 检索结果文献排序的目的

如前所述，专业检索结果文献经人工筛选后仍有 469 篇，数量较多，且有学术性差别，这给后续针对文献内容的分析、挖掘和综述带来困难。一方面，若对全部文献进行分析，所需的消耗成本较高；另一方面，对学术性相对较低的文献进行深入分析的必要性不大。所以，对于这些检索结果文献做出一个具备可行性、综合性的单篇文献影响力评价，并据此按照影响力排序就很有参考性和必要性。

总地说来，进行文献影响力评价和排序的目的如下：① 排除学术影响力相对较低的文献，集中学术价值相对较高的、更具有代表性的文献；② 保留的文献作为本研究的研究基础和文献来源，并基于这些文献进行文献综述和内容分析；③ 保留的文献具有一定的代表性，文献列表同时可作为"都市农业职业教育"研究方面的入口文献，提供给其他类似的课题研究者作为重要参考和引导。

3.3.4.2 文献影响力排序研究的背景和依据

对于单篇文献评估的研究领域而言，总体研究和应用尚不够系统和全面，偏向于使用外源性指标作为辅助评价，较少有有效的、直接针对文献内容本身的学术性分析的评价方法和工具。在单篇文献学术性的实际评价中，还是以形式性指标评价为主。

作为学术论文，外源性的诸如所刊载期刊的影响因子、被引频次或被引率、下载频次或下载率等固然是文献学术性的体现方面，但也不尽然。即使是核心期刊也会刊登一些学术性不够高的文献。并且，核心期刊的文章受关注度较高，被引率和下载率也相应要高一些。另外，对于一些具有一定预见性或者偏、难、冷方面的学术问题，想要真正得到学术界广泛关注和承认一般需要较长的时间，在此之前其学术价值并不容易被人们所承认，外源性指标也难以代表其内在价值。而人文社会科学学术思想与自然科学相比，被人们接受或认可的时间相对更长，一般需要 5~10 年甚至更久，短期内相关研究文献的被引率也就不会太高。因此，对于学术文献而言，真正需要的是要有一套行之有效的同行评价体系以及基于人工智能、语义分析的内容分析挖掘和知识发现系统，从而形成有效的知识网络。

对于本研究的单篇文献排序而言，为了找到便于操作、简便可行的单篇文献评价体系，我们参考了多篇前人研究成果，主要有《科技论文学术水平评估》《国际化背景下人文社科期刊论文评价指标体系研究》《中文核心期刊评价指标分类研究》等文献，其中主要借鉴了《国际化背景下人文社科期刊论文评价指标体系研究》的研究成果，并进行综合衡量，转化为符合本研究范围和特点的论文评价指标体系。

3.3.4.3 文献影响力排序指标体系及计算

本研究所需的是针对检索结果文献的简单评估和排序，要做到有所遴选。因此在实际操作上要有简便性、易实施性，参考借鉴前人的研究成果，结合实际，尽量做到可行、全面、简便。

1. 指标体系及各指标权重的确定

（1）指标体系的确定

龙莎等人在《科技论文学术水平评估》一文中总结了科技论文学术水平评估的指标体系，包括期刊水平、论文基金资助情况、论文被引用情况、论文获奖情况、论文被收录情况这 5 项一级指标和另外 19 项二级指标。

李沂濛等人在《国际化背景下人文社科期刊论文评价指标体系研究》一文中将评价指标体系分为 3 级：一级指标包含外部因素和内部因素两个指标；二级指标包含发文期刊影响力等 5 个指标；三级指标包含被中外文检索刊物收录等 25 个指标。指标体系具体可见表 3-12。

表 3-12　国际化背景下我国人文社科期刊论文评价指标体系权重总表

一级指标及权重 W_{an}	二级指标及权重 W_{bn}	三级指标及权重 W_{cn}	合成权重 W_n
A1 外部因素 [0.666 7]	B1 发文期刊影响力 [0.4]	C1 被中外文数据库收录 [0.319 6]	0.085 2
		C2 近 5 年影响因子 [0.558 4]	0.148 9
		C3 当年平均被引数量 [0121 9]	0.032 5
	B2 论文学术影响力 [0.4]	C4 被检索系统收录 [0.250 1]	0.066 7
		C5 被转载或摘录 [0.250 1]	0.066 7
		C6 被（他）引次数 [0.250 1]	0.066 7
		C7 被下载量 [0.124 9]	0.033 3
		C8 基金资助 [0.124 9]	0.033 3
	B3 论文社会影响力 [0.2]	C9 社交媒体的讨论和使用热度 [0.138 5]	0.018 5
		C10 学术网站的讨论及评价 [0.345 0]	0.046 0
		C11 出现在政策档案或政府文件中的次数 [0.209 9]	0.028 0
		C12 被百科词条引用 [0.096 8]	0.012 9
		C13 论文获奖情况 [0.209 9]	0.028 0
A2 内部因素 [0.333 3]	B4 论文形式规范性 [0.142 9]	C14 中英文题目 [0.25]	0.011 9
		C15 中英文摘要 [0.25]	0.011 9
		C16 中英文关键词 [0.125]	0.006 0
		C17 参考文献 [0.25]	0.011 9
		C18 作者中英文简介及作者 ID [0.125]	0.006 0
	B5 论文内容价值（同行专家评审）[0.857 1]	C19 理论创新 [0.298 9]	0.085 4
		C20 方法创新 [0.118 5]	0.033 9
		C21 描述创新 [0.056 9]	0.016 3
		C22 应用创新 [0.101 3]	0.028 9
		C23 学术价值 [0.231 4]	0.066 1
		C24 社会价值 [0.091 8]	0.026 2
		C25 经济价值 [0.101 3]	0.028 9

该体系总结比较全面，本研究所需的文献影响力排序计算指标体系重点参照该体系搭建。

在该指标体系中，二级 5 个指标中的 B3 不适用本课题研究的检索结果文献，B5 作为唯一的主观性评价指标，通过同行评议取值，虽然很有意义，但目前实施难度很大，可操作性小。三级全部的 25 个指标中，B1 中的近 5 年影响因子，B2 中的被（他）引次数、被下载量、基金资助，B4 中的中英文关键词、摘要以及参考文献的信息，都可通过直接浏览"中国知网"检索结果列表或浏览文献全文来获得。

在 B1 发文期刊影响力指标中，由于被各大核心期刊评价体系收录能够代表所刊发的文献质量标准高于一般同类文献，所以考虑把"发文期刊是否为核心期刊"作为一项评价因素加进来。

在 B2 论文学术影响力指标中，因人文社科文献的半衰期（某一学科文献从出版到 50% 的文献因内容老化而失去参考价值所经历的时间）较长，一般学术界研究认为在五到十年之间。在半衰期内，文献通常一开始下载率提升较快，而被引率缓慢增长。接近半衰期下载率增长变慢，而被引率稳定增长。超过半衰期以后，被引率和下载率保持稳定，变化不大。半衰期以内，尤其是较新的文献，其下载率是衡量学术性的重要指标。因此本研究对发表 5 年以内的文献增加一项 5 年影响因子，微量增强文献的学术分量。被引率可以体现他人对被引者观点论述的认可或强调，被引率是衡量文献学术性的一个重要指标。下载率是文献传播力的体现，一定程度上也可以体现文献的被认可度，但下载不等于引用，与被引率对学术性的体现程度是不一样的。

在 B4 论文形式规范性指标中，我们从本次专业检索得到的 469 篇文献中发现，文献学术规范性总体较为混乱，存在很多不够规范的文章。比如学术论文必备的关键词、摘要、参考文献几个部分不全或都没有。作为学术论文必须要具备摘要、关键词以及参考文献，缺一不可，这些也是作为判断论文学术严谨性和学术价值的标准之一。同时，是否有英文摘要和关键词对照也应作为文献学术性的辅助判断依据。不过 2000 年之前发表的文献因当时学术标准尚不严格、管理不够规范，有很多文献的摘要、关键词和参考文献都不全，但这与文献本身的学术性并无直接关联，所以这一标准只对较晚期发表的文献有效。另外还须注意实际检索中发现的论文篇幅问题。在浏览结果文献时，发现有一些文献篇幅只有一页，这样明显是不符合学术论文的学术性要求的，通常过于短小的文献无法系统深入地研究分析问题。

（2）各指标权重值的确定

郭义亭在《中文核心期刊评价指标分类研究》一文中，总结出北大核心期刊评价指标权重中"被引量"权重值为0.12，是web下载率0.03的4倍，武大核心期刊评价指标权重中"总被引频次"权重值为0.198，也大约是web下载率0.050的4倍。而在社科院核心期刊评价指标权重中考虑到了5年影响因子，并赋予权重为0.05。

本研究参照《国际化背景下人文社科期刊论文评价指标体系研究》中按照层次分析法（AHP）得到各级指标权重。其中，一级指标权重参照文中的外部因素A1计算值0.6667和内部因素A2计算值0.3333。二级指标权重中，由于没有B3，参照B1和B2权重值比例相同为0.4，所以给定B1和B2的权重值为0.5。在三级指标中，由于B1中三个指标变为两个指标，所以把C3的权重值0.1219均分给C1和C2，得到主要指标期刊影响因子C1权重值为0.6194，是否为核心期刊C2权重值为0.3806。由于文中对C7被下载量与C8基金资助项给定的权重值相等，为0.1249，考虑《中文核心期刊评价指标分类研究》中提到北大和武大核心期刊评价指标体系中被引量权重是下载率的4倍，以及5年影响因子权重的取值为0.05，衡量之间重要性，最后综合取权重值：基金资助情况C3为0.15，被引频次C4为0.6，下载频次C5为0.15，5年影响因子C6为0.1。B4下的三个指标，参考原指标体系，认为C7有无摘要、参考文献、关键词的重要性最大，权重值取0.5，C8是否有中英文对照（关键词、摘要、题目）与C9是否单页重要性相近，权重值都为0.25，参见表3-13。

2. 指标数值的计算和标准

（1）指标数值的计算方法

在韩鹏鸣的《期刊论文的影响力分析》一文中，在计算论文影响力值时，引入了指标偏离性的算法。把指标取值与指标取值平均值的比值作为各指标得数的偏离性（>1正偏离，<1负偏离），进而用偏离值与权重值的乘积作为各指标的得数。文中给出如下计算公式：

论文影响力值 $T = a_1 \times$ 被引频次 / 平均被引频次 $+ a_2 \times$ 下载频次 / 平均下载

频次 + $a_3 \times$ 期刊影响因子 / 平均影响因子

（其中 a_1、a_2、a_3 是待定的加权系数）

根据以上公式，得到本研究所需文献排序的影响力值 T 计算公式为：

$$T = \sum_{n=1}^{9} W_n \frac{C_n}{\overline{C_n}}$$

其中，T 为论文影响力值；W_n 为合成权重，$W_n = W_{an} \times W_{bn} \times W_{cn}$（$W_{an}$、$W_{bn}$、$W_{cn}$ 分别为一级、二级、三级指标权重值）；C_n 为指标取值；$\overline{C_n}$ 为该指标平均值。

（2）指标取值标准

期刊影响因子 C1：以专业检索的输出结果为准，选取其中所刊载期刊的复合影响因子。其中有一小部分的期刊没有影响因子，只能取值为 0；是否为核心期刊 C2：所刊发期刊刊发时被最近一版核心期刊目录收录的取值为 1，否则为 0；基金资助情况 C3：刊发文献有各项基金资助的贡献在内的，按所资助基金等级不同取值，国家级基金为 4，省部级基金为 3，地市级基金为 2，校级基金为 1，没有基金资助为 0；被引频次 C4：根据检索结果输出实际取值；下载频次 C5：根据检索结果输出实际取值；5 年影响因子 C6：发表时间在 0~5 年间取 1，>5 年取 0；有无摘要、参考文献、关键词 C7：按摘要、参考文献、关键词几部分数量取值 3、2、1，都无取 0；是否有中英文对照（关键词、摘要、题目）C8：按有无取值，有英文对照取 1，无英文对照取 0；是否单页 C9：按是否取值，非单页（>1 页）文献取 1，单页文献取 0。

3. 文献影响力排序指标体系及说明

综合上述分析研究，我们得到最终的指标体系及取值说明，如图 3-10 及表 3-13 具体所示。

需要说明的是，由于该指标体系是为检索结果文献的排序和供研究的文献遴选服务的，主要从简便可行、易操作的角度入手，因此，本研究直接参考和借鉴了前人的研究成果，包括指标体系和权重，并在编制过程中结合实际，尽量做到全面客观。对于指标体系中前人做的一些主观性指标，比如内容价值的同行评议等，本次研究暂没有条件和能力施行。专家和同行的主观性评价对于文献具有很重要的学术价值，应当在条件允许时进行完善。另外，对于指标的权重值还须进一步探讨和优化，从检索结果中发现偏差并进行微调，以使最终计算值更加贴近实际。

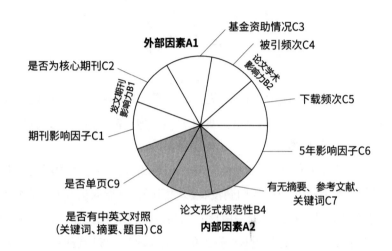

图 3-10 文献影响力评价指标体系

表 3-13 检索结果文献影响力评价指标体系及取值说明

一级指标及权重 W_{an}	外部因素 A1 [0.666 7]						内部因素 A2 [0.333 3]		
二级指标及权重 W_{bn}	发文期刊影响力 B1 [0.5]		论文学术影响力 B2 [0.5]				论文形式规范性 B4 [1]		
三级指标及权重 W_{cn}	期刊影响因子 C1 [0.619 4]	是否为核心期刊 C2 [0.380 6]	基金资助情况 C3 [0.15]	被引频次 C4 [0.6]	下载频次 C5 [0.15]	5年影响因子 C6 [0.1]	有无摘要、参考文献、关键词 C7 [0.5]	是否有中英文对照（关键词、摘要、题目）C8 [0.25]	是否单页 C9 [0.25]
合成权重 W_n	0.206 5	0.126 9	0.050 0	0.200 0	0.050 0	0.033 3	0.166 7	0.083 3	0.083 3

续表

取值 C_n	根据检索输出	1, 0	4, 3, 2, 1, 0	根据检索输出	根据检索输出	根据检索输出	3, 2, 1, 0	1, 0	1, 0
C_n 取值说明	—	是取 1，否取 0	国家级取 4，省部级取 3，地市级取 2，校级取 1，都无取 0	—	—	发表 0~5 年间取 1，>5 年取 0	都有取 3，有一个取 1，有两个取 2，都无取 0	—	>1 页取 1，单页取 0

3.3.4.4 检索结果文献影响力排序及文献集的确定

1. 检索结果文献影响力数值计算及排序

（1）取值

按以上指标体系建立表格，依照前述专业检索得到的 469 篇文献的输出结果，逐篇对照指标体系的 9 项三级指标，进行取值并录入表格。其中 C1、C2、C4、C5、C6 可以通过检索结果列表中的输出显示直接取值。而对于 C3 基金资助情况，C7 有无摘要、参考文献、关键词，C8 是否有中英文对照（关键词、摘要、题目）和 C9 是否单页这几项指标必须浏览全文来获取取值信息确定数值。

（2）论文影响值计算

按照上文总结的计算公式，先计算出每个指标的平均值 $\overline{C}_n$。然后通过编制相应的影响力值的 Excel 公式，从而得到每一篇文献的影响力数值。我们最后得到的平均影响力值为 1，最低值为 0.094 38，最高值为 4.888 996。

（3）论文影响力排序

按论文影响力值从高到低的排序，我们得出高于平均值的文献共有 170 篇，可认为学术影响力相对较高，具体如表 3-14 所示。

表 3-14　检索结果文献影响力计算及排序表（$T<$ 均值部分节略）

序号	期刊影响因子 C1	是否为核心期刊 C2	基金资助情况 C3	被引频次 C4	下载频次 C5	5 年影响因子 C6（2015-02-10 至今）	有无摘要、参考文献、关键词 C7	是否有中英文对照(关键词、摘要、题目) C8	是否单页 C9	论文影响力值 T
1	3.606	1	4	22	701	0	3	0	1	4.888 996
2	1.604	1	3	15	290	0	3	1	1	3.504 395
3	1.135	1	0	23	194	0	3	0	1	3.394 375
4	0.462	0	0	34	530	0	3	0	1	3.375 93
5	1.049	0	3	21	429	0	3	1	1	3.058 897
6	3.046	1	0	6	293	0	3	0	1	3.025 141
7	0.844	1	3	10	586	0	3	1	1	2.909 536
8	0.645	1	2	17	290	0	3	0	1	2.834 622
9	0.887	1	0	15	187	0	3	0	1	2.658 527
10	1.135	1	1	10	387	1	3	0	1	2.613 364
11	1.069	1	3	7	208	0	3	1	1	2.597 677
12	0.964	1	0	7	183	1	3	0	1	2.493 799
13	1.135	1	4	9	190	0	3	0	1	2.482 069
14	0.964	1	4	5	252	0	3	0	1	2.458 287
15	0.07	0	0	25	561	0	2	0	1	2.450 347
16	0.443	1	1	9	358	0	3	0	1	2.448 837
17	1.135	1	4	7	264	0	3	0	1	2.448 24
18	1.135	1	0	10	302	0	3	0	1	2.445 462
19	0.687	1	3	8	395	1	3	0	1	2.338 29
20	0.964	1	2	5	43	0	3	0	1	2.271 256
21	1.476	1	0	6	219	0	3	0	1	2.255 627
22	1.135	1	0	8	227	0	3	0	1	2.254 466
23	0.443	1	0	7	319	0	3	0	1	2.233 351
24	0.645	0	0	20	357	0	2	0	1	2.233 265
25	1.503	1	2	1	41	0	3	1	1	2.213 677
26	1.135	1	0	8	133	0	3	0	1	2.208 285
27	0.522	0	0	12	547	1	3	1	1	2.134 534
28	0.508	1	2	5	183	0	3	1	1	2.127 093
29	1.135	1	4	4	196	0	2	0	1	2.119 525
30	0.608	0	0	13	442	0	3	1	1	2.116 218
31	0.316	0	3	18	143	1	3	0	1	2.094 922

续表

序号	期刊影响因子 C1	是否为核心期刊 C2	基金资助情况 C3	被引频次 C4	下载频次 C5	5年影响因子 C6（2015-02-10至今）	有无摘要、参考文献、关键词 C7	是否有中英文对照（关键词、摘要、题目）C8	是否单页 C9	论文影响力值 T
32	1.135	1	3	4	264	0	3	0	1	2.090 873
33	0.498	0	0	18	380	0	2	0	1	2.021 769
34	1.598	1	3	0	130	1	3	0	1	2.016 92
35	0.744	1	3	6	150	0	3	0	1	2.006 427
36	0.655	1	0	8	156	0	3	0	1	1.995 434
37	1.002	1	3	4	134	0	3	0	1	1.964 898
38	0.522	0	3	10	226	1	3	1	1	1.949 211
39	0.522	0	3	11	233	0	3	1	1	1.945 758
40	0.645	0	0	12	208	0	3	1	1	1.941 461
41	0.755	1	1	6	158	0	3	0	1	1.931 142
42	1.135	1	1	4	95	0	3	0	1	1.923 494
43	0.522	0	3	10	137	1	3	1	1	1.905 486
44	1.893	1	0	2	111	0	0	0	1	1.896 748
45	0.843	0	0	10	217	0	3	0	1	1.884 195
46	0.784	1	0	2	55	0	3	1	1	1.877 518
47	1.135	1	4	0	200	1	2	0	1	1.813 191
48	1.135	1	0	2	82	1	3	0	1	1.804 747
49	0.443	1	1	6	187	0	3	0	1	1.799 691
50	1.135	1	0	3	78	0	3	0	1	1.795 891
51	0.784	1	0	0	11	1	3	1	1	1.785 718
52	1.465	1	0	2	144	0	1	0	1	1.777 177
53	1.884	0	3	1	140	0	3	0	1	1.765 349
54	1.135	1	4	0	140	0	3	0	1	1.763 831
55	1.135	1	3	1	57	0	3	0	1	1.757 953
56	1.135	1	0	2	134	0	3	0	1	1.746 328
57	0.334	1	3	4	152	1	3	0	1	1.745 764
58	0.443	1	0	2	89	0	3	1	1	1.734 982
59	0.229	0	3	14	231	0	3	0	1	1.705 263
60	0.443	1	3	4	134	0	3	0	1	1.703 856
61	1.135	1	0	1	173	0	3	0	1	1.688 413
62	0.645	0	3	9	383	1	3	0	1	1.672 794

续表

序号	期刊影响因子 C1	是否为核心期刊 C2	基金资助情况 C3	被引频次 C4	下载频次 C5	5年影响因子 C6（2015-02-10至今）	有无摘要、参考文献、关键词 C7	是否有中英文对照(关键词、摘要、题目) C8	是否单页 C9	论文影响力值 T
63	0.585	0	0	9	186	0	3	1	1	1.671 41
64	0.645	1	3	2	182	0	3	0	1	1.667 618
65	0.377	0	3	7	250	1	3	1	1	1.662 065
66	1.135	1	0	0	78	1	3	0	1	1.648 633
67	0.522	0	0	9	175	0	3	1	1	1.636 586
68	0.645	1	3	2	116	0	3	0	1	1.635 193
69	1.465	1	0	1	107	0	0	0	1	1.617 841
70	1.465	1	0	1	101	0	0	0	1	1.614 893
71	0.755	1	3	1	117	0	3	0	1	1.609 978
72	0.377	0	0	6	279	1	3	1	1	1.599 238
73	0.645	1	2	2	127	0	3	0	1	1.598 421
74	0.377	0	3	7	118	1	3	1	1	1.597 216
75	0.817	1	0	1	87	1	3	0	1	1.581 629
76	1.049	0	3	3	75	1	3	1	1	1.581 602
77	1.135	1	0	0	111	0	3	0	1	1.580 879
78	1.135	1	0	0	83	0	3	0	1	1.567 123
79	0.817	1	0	2	71	0	3	0	1	1.566 877
80	0.687	1	3	1	89	0	3	0	1	1.564 467
81	1.135	1	0	0	65	0	3	0	1	1.558 28
82	1.135	1	0	0	64	0	3	0	1	1.557 789
83	0.479	0	1	10	299	1	3	0	1	1.546 73
84	0.39	0	2	7	247	0	3	1	1	1.540 52
85	0.498	0	0	11	361	0	3	0	1	1.536 995
86	1.142	0	3	1	207	1	3	1	1	1.535 731
87	0.522	0	3	9	389	0	3	0	1	1.534 337
88	0.964	1	0	4	116	0	0	0	0	1.532 519
89	1.135	1	0	1	100	0	1	0	1	1.524 382
90	0.645	0	0	11	194	0	3	0	1	1.523 596
91	0.334	1	3	2	89	1	2	0	1	1.496 58
92	0.964	1	2	1	127	0	0	0	1	1.478 062
93	0.964	1	3	1	32	0	0	0	1	1.473 566

续表

序号	期刊影响因子 C1	是否为核心期刊 C2	基金资助情况 C3	被引频次 C4	下载频次 C5	5 年影响因子 C6（2015-02-10 至今）	有无摘要、参考文献、关键词 C7	是否有中英文对照（关键词、摘要、题目）C8	是否单页 C9	论文影响力值 T
94	0.655	1	1	0	71	1	3	0	1	1.463 219
95	0.645	1	3	0	78	0	3	0	1	1.462 375
96	0.645	0	1	8	445	0	3	0	1	1.457 861
97	0.334	1	2	1	104	1	3	0	1	1.448 782
98	0.334	1	1	5	115	0	0	0	1	1.444 091
99	0.126	0	3	8	58	0	3	1	1	1.443 635
100	0.235	0	3	7	111	0	3	1	1	1.443 499
101	0.645	0	2	4	99	1	3	1	1	1.439 631
102	1.135	1	0	1	46	0	3	0	1	1.433 769
103	0.334	1	3	1	125	0	3	0	1	1.417 309
104	0.334	1	1	1	117	1	3	0	1	1.412 992
105	0.443	1	0	2	98	0	3	0	1	1.405 491
106	0.223	0	1	7	189	0	3	1	1	1.391 863
107	0.589	0	2	5	65	0	3	1	1	1.389 885
108	1.049	0	3	5	201	0	3	0	1	1.379 776
109	0.336	0	3	5	199	0	3	1	1	1.379 748
110	0.334	1	2	0	104	1	3	0	1	1.371 707
111	1.135	1	0	0	66	0	0	0	1	1.366 52
112	0.183	0	0	12	141	0	3	0	1	1.358 888
113	1.135	1	0	0	46	0	0	0	1	1.356 694
114	0.334	1	1	2	134	0	2	0	1	1.350 369
115	0.522	0	3	3	101	1	3	0	1	1.348 277
116	0.522	0	3	3	97	1	3	1	1	1.346 312
117	0.522	0	3	4	109	0	3	0	1	1.345 316
118	0.334	1	2	0	46	1	3	0	1	1.343 213
119	0.854	0	2	3	29	0	3	0	1	1.341 799
120	0.522	0	2	3	160	1	3	1	1	1.335 086
121	1.142	0	2	2	18	0	3	1	1	1.323 628
122	0.645	0	0	10	70	0	2	1	1	1.321 518
123	0.334	1	1	0	87	1	3	0	1	1.321 179
124	0.649	0	1	3	64	1	3	1	1	1.305 053

续表

序号	期刊影响因子 C1	是否为核心期刊 C2	基金资助情况 C3	被引频次 C4	下载频次 C5	5年影响因子 C6（2015-02-10至今）	有无摘要、参考文献、关键词 C7	是否有中英文对照（关键词、摘要、题目）C8	是否单页 C9	论文影响力值 T
125	0.334	1	1	1	65	0	3	0	1	1.303 48
126	0.51	0	3	3	175	0	3	1	1	1.295 062
127	0.645	0	3	7	85	0	3	0	1	1.288 276
128	0.498	0	1	8	222	0	3	0	1	1.279 658
129	0.443	0	3	3	187	0	3	1	1	1.269 67
130	0.909	0	2	1	124	0	3	1	1	1.260 006
131	0.888	0	2	5	195	0	3	0	1	1.259 468
132	0.522	0	0	4	164	0	3	1	1	1.245 808
133	1.049	0	3	4	75	0	3	0	1	1.240 799
134	0.498	0	3	9	58	0	3	0	1	1.233 986
135	0.498	0	3	7	89	0	3	0	1	1.221 595
136	0.36	0	0	5	111	0	3	1	1	1.221 193
137	1.766	0	0	2	170	0	1	0	1	1.213 45
138	0.316	0	0	9	182	0	3	0	1	1.209 915
139	0.498	0	3	3	88	1	3	1	1	1.204 154
140	0.585	0	1	2	45	1	3	1	1	1.188 757
141	0.334	1	2	0	30	0	2	0	1	1.187 302
142	0.585	0	3	1	195	0	3	1	1	1.185 762
143	0.36	0	3	2	62	1	3	1	1	1.176 391
144	0.649	0	0	3	52	0	3	1	1	1.173 016
145	0.156	0	1	5	114	0	3	1	1	1.169 58
146	0.589	0	4	1	59	0	3	1	1	1.162 991
147	0.171	0	3	4	33	0	3	1	1	1.144 068
148	0.334	1	3	0	92	0	0	0	1	1.131 77
149	0.6	0	0	2	160	0	3	1	1	1.126 117
150	0.645	0	2	0	80	1	3	1	1	1.121 998
151	0.377	0	0	7	251	0	3	0	1	1.118 15
152	0.425	0	3	1	34	1	3	1	1	1.115 914
153	0.176	0	3	2	88	1	3	1	1	1.103 24
154	0.45	1	0	1	22	0	0	0	1	1.102 096
155	0.183	0	1	2	235	1	3	1	1	1.094 375

序号	期刊影响因子 C1	是否为核心期刊 C2	基金资助情况 C3	被引频次 C4	下载频次 C5	5 年影响因子 C6（2015-02-10 至今）	有无摘要、参考文献、关键词 C7	是否有中英文对照(关键词、摘要、题目) C8	是否单页 C9	论文影响力值 T
156	0.425	0	2	1	64	1	3	1	1	1.088 476
157	0.589	0	4	0	40	0	3	1	1	1.076 582
158	0.443	0	1	1	107	1	3	1	1	1.075 831
159	0.645	0	3	0	71	0	3	1	1	1.075 786
160	0.36	0	1	6	74	1	3	0	1	1.072 321
161	0.498	0	4	4	115	0	3	0	1	1.045 32
162	0.256	0	4	0	99	1	3	1	1	1.034 029
163	0.494	0	2	0	42	1	3	1	1	1.032 815
164	0.32	0	3	1	126	0	3	1	1	1.028 113
165	0.57	0	0	1	136	0	3	1	1	1.023 242
166	0.462	0	0	8	184	0	0	0	1	1.009 75
167	0.645	0	0	0	13	1	3	1	1	1.004 729
168	0.171	0	3	1	49	1	3	1	1	1.004 67
169	0.645	0	0	5	77	0	3	0	1	1.003 667
170	0.443	0	1	1	128	0	3	1	1	1.002 182
171	0.154	0	3	5	107	1	3	0	1	0.999 613
172	0.473	0	1	0	78	1	3	1	1	0.998 518
173	0.645	0	0	5	65	0	3	0	1	0.997 772
174	0.443	0	1	1	111	0	3	1	1	0.993 83
175	0.645	0	3	2	88	1	3	0	1	0.988 342
176	0.228	0	0	3	75	0	3	1	1	0.987 716
…	…	…	…	…	…	…	…	…	…	…
…	…	…	…	…	…	…	…	…	…	…
…	…	…	…	…	…	…	…	…	…	…
469	0	0	0	0	15	0	0	0	1	0.094 38
均值 $\overline{C}_n$	0.442 203	0.176 972	1.185 501	2.594 883	101.774	0.396 588	2.601 279	0.249 467	0.957 356	1
合成权重 W_n	0.206 5	0.126 9	0.05	0.2	0.05	0.033 3	0.166 7	0.083 3	0.083 3	—

2. 检索结果文献影响力数值计算分析

从论文影响力数值计算的结果我们得到以下分析结果：在 469 篇检索结果文献中，高于影响力均值的有 170 篇，占比约 36%，低于均值的有 299 篇，占比约 64%。

在高于均值的 170 篇文献中，5 年内发表的有 50 篇，占比约 29%；有 131 篇文献高于期刊影响因子均值 0.442 203，占比约 77%；有 108 篇文献有基金资助，占比约 64%；被引频次高于均值 2.594 883 的有 97 篇，占比约 57%；下载频次高于均值 101.774 的文献有 106 篇，占比约 62%；有 145 篇文献的关键词、摘要和参考文献俱全，占比约 85%；有 72 篇文献有英文对照标题、摘要和关键词，占比约 42%；有 1 篇单页文献，占比约 0.6%；有 83 篇刊登在核心期刊上，占比约 49%。

在低于均值的 299 篇文献中，5 年内发表的有 136 篇，占比约 45%；有 70 篇文献高于期刊影响因子均值 0.442 203，占比约 23%；有 140 篇文献有基金资助，占比约 47%；被引频次高于均值 2.594 883 的文献有 44 篇，占比约 15%；下载频次高于均值 101.774 的文献有 52 篇，占比约 17%；有 241 篇文献的关键词、摘要和参考文献俱全，占比约 81%；有 45 篇文献有英文对照标题、摘要和关键词，占比约 15%；有 19 篇单页文献，占比约 6%；有 0 篇刊登在核心期刊上，占比 0。

对比情况如表 3-15 所示。

表 3-15 文献影响力高于和低于均值的各指标占比对比情况

单位：%

文献数量占比	5 年内发表占比	高于期刊影响因子均值占比	有基金资助占比	被引频次高于均值占比	下载频次高于均值占比	关键词、摘要和参考文献俱全占比	有英文对照标题、摘要和关键词占比	单页文献占比	核心期刊刊登数量占比
影响力值高于均值的文献	29	77	64	57	62	85	42	0.6	43
影响力值低于均值的文献	45	23	47	15	17	81	15	6	0

从该表中可以看出，影响力值高于均值的文献与低于均值的文献相比，高于期刊影响因子均值占比、被引频次高于均值占比以及下载频次高于均值占比优势明显，有英文对照标题、摘要和关键词占比优势次之，有基金资助占比稍有优势。5 年内发表占比、单页文献占比以影响力值低于均值的文献为主。关键词、摘要和参考文献俱全占比差异不大。核心期刊刊登则都在影响力值高于均值的文献中。

在体现差异性方面（两组占比之间的比值），各指标从大到小的排序为：核心期刊刊登数量占比 > 单页文献占比 > 被引频次高于均值占比 > 下载频次高于均值占比 > 高于期刊影响因子均值占比 > 有英文对照标题、摘要和关键词占比 >5 年内发表占比 > 有基金资助占比 > 关键词、摘要和参考文献都俱全占比。

3. 文献集的确定

根据表 3-14 得到的文献影响力数值的排序，影响力均值为 1，影响力数值大于 1 的论文共有 170 篇。这些有较高影响力数值的文献可以认为学术影响力相对较高，具有一定代表性，可优先作为本体实例的来源数据，并可作为相近研究任务的入口文献。具体文献信息及涉及的主要领域如表 3-16 所示，供分析总结之用。

表 3-16　文献影响力较高的 170 篇文献（$T>1$）及其涉及主要领域列表

序号	篇名	作者	刊名	发表时间	涉及主要领域	影响值 T
1	基于 AHP 法的我国农业高等职业院校大学生创业能力评价	何忠伟，任钰，郭君平，陈艳芬	农业技术经济	2010-12-26	就业创业、创业能力评价	4.888 996
2	农民专业合作社科技人才培养机制探析——以天津市武清区为例	张颖，李丽君	科技管理研究	2014-04-20	农民培训、人才培养	3.504 395
3	强化产学研结合 突出高职教育特色	王秀清，马俊哲	中国职业技术教育	2007-03-11	校企结合	3.394 375
4	高等职业院校学生顶岗实习的探索与实践	伊丽丽，刘春鸣，刘爱军，欧雅玲	中国林业教育	2009-01-15	教研教改；实习实训	3.375 93
5	浅析高等农业院校在培育新型职业农民中的作用	李澎，王铁良，岳喜庆，王海龙	农业科技管理	2014-02-26	新型职业农民培育	3.058 897
6	都市农业信息化人才需求与培养模式研究	段延娥，张威	现代教育技术	2010-07-15	计算机信息类专业	3.025 141

续表

序号	篇名	作者	刊名	发表时间	涉及主要领域	影响值 T
7	高职院校中外合作办学的人才培养模式创新——以北京农业职业学院为例	杨欣,赵庶吏,李英军,徐江	教育理论与实践	2014-01-25	人才培养、中外合作办学	2.909 536
8	创新"3+1"人才培养模式,强化都市农业人才实践能力	王慧敏,范双喜,沈文华	高等农业教育	2012-10-15	人才培养	2.834 622
9	构建以技术专业能力为本位的项目课程体系	王秀娟,李永晶	黑龙江高教研究	2008-06-05	设施农业专业	2.658 527
10	关于高等职业院校校园文化建设的实践与思考	赵章彬	中国职业技术教育	2017-02-01	职教建设:校园文化	2.613 364
11	天津农村人力资源素质分析及开发对策	田玉敏	中国农学通报	2009-05-05	农民培训	2.597 677
12	基于区位优势的高职物业管理专业现代学徒制人才培养模式构建——以成都农业科技职业学院为例	艾斌发	职业技术教育	2017-09-10	经营、管理类专业	2.493 799
13	园林测量课程项目化教学实践	仇恒佳,单建明,戴群	中国职业技术教育	2012-08-11	园林园艺专业	2.482 069
14	高等农业职业教育人才培养模式的创新与实践	郝婧	职业技术教育	2010-05-01	人才培养	2.458 287
15	设施园艺产业发展与人才培养	杨振超,邹志荣,屈锋敏,李建明	农业工程技术(温室园艺)	2007-01-15	设施农业专业	2.450 347
16	设施农业科学与工程专业建设的探索与实践	裴孝伯,单国雷,李绍稳,朱世东	安徽农业科学	2009-11-01	设施农业专业	2.448 837
17	国(境)外农业教育体系研究	刘立新,刘杰	中国职业技术教育	2015-04-21	农民培训、各国职教	2.448 24
18	项目教学法在高职旅游规划课程中的应用	王娜	中国职业技术教育	2013-01-11	休闲农业专业	2.445 462
19	都市农业发展中新型职业农民培训的绩效评估与分析——基于规模示范合作社农户的实地调查	刘益曦,胡春,于振兴,谢志远,张呈念	江苏农业科学	2017-04-06	农民培训	2.338 29

续表

序号	篇名	作者	刊名	发表时间	涉及主要领域	影响值 T
20	农业高职机电类专业实施"双证书"制度探索——以苏州农业职业技术学院为例	时忠明	职业技术教育	2013-12-10	机电类专业	2.271 256
21	辽宁新农村建设对农业高职教育人才需求的调查与分析	张英，田洪彦	辽宁教育研究	2006-08-25	人才培养	2.255 627
22	我院"一二三四"式实践教学体系的构建	梁秀文，郭玉梅	中国职业技术教育	2007-08-01	教研教改	2.254 466
23	我国南方园艺专业复合型人才培养模式改革研究	黄建昌，周厚高，刘念	安徽农业科学	2011-03-10	园林园艺专业	2.233 351
24	都市型高等农业院校人才培养模式的改革与实践	王有年，杜晓林，范双喜	高等农业教育	2009-01-15	人才培养	2.233 265
25	北京农村职业教育实践中存在的问题及对策建议	陶春，吴智泉	资源与产业	2011-05-20	职教建设	2.213 677
26	高职设施农业技术专业实施工学结合、联合培养模式的实践探索	王秀娟	中国职业技术教育	2008-01-11	设施农业专业	2.208 285
27	农林院校产教融合服务乡村振兴战略的探索与实践	李振陆，叶琦，尹江海	中国农业教育	2018-06-10	校企结合	2.134 534
28	内蒙古农牧业科技园区休闲农业建设的实践与探索	王怀栋，李明，郝拉柱，葛茂悦	湖北农业科学	2012-01-20	休闲农业专业	2.127 093
29	"双线四段、筑园塑人"人才培养模式的创新与实践	周军，成海钟，钱剑林，潘文明，李臻	中国职业技术教育	2015-06-11	园林园艺专业	2.119 525
30	设施农业科学与工程专业人才培养模式研究与实践	高洪波，张广华，吴晓蕾，李敬蕊，李守勉	河北农业大学学报（农林教育版）	2007-12-15	设施农业专业	2.116 218
31	慕课视野下高职计算机应用基础教学改革研究	叶煜，邹承俊，雷静	当代职业教育	2015-11-15	计算机信息类专业	2.094 922
32	现代职业农民培养的苏南模式	马国胜，李振陆，邱学林	中国职业技术教育	2014-02-01	农民培训	2.090 873

序号	篇名	作者	刊名	发表时间	涉及主要领域	影响值 T
33	日本农业职业教育的做法与启示	杜保德,李玉冰,赵素英,胡天苍,李志勇	北京农业职业学院学报	2008-01-20	各国职教	2.021 769
34	农业高校在服务都市农业中提升核心竞争力研究	赵向华,张文峰	江苏高教	2017-03-05	职教建设	2.016 92
35	农业职业教育服务新农村建设的探索和实践	李凌	教育与职业	2007-07-11	职教建设	2.006 427
36	"都市圈"发展与农村职业教育——发达国家的启示	范安平,张挚	继续教育研究	2010-08-15	农民培训	1.995 434
37	关于高职涉农专业学生职业素质培养的实践——以观光农业专业为例	邱迎君,易官美	职教论坛	2011-10-15	休闲农业专业	1.964 898
38	"复合应用型食品科学与工程"卓越农林人才培养体系构建与探索	辛志宏,董洋,徐幸莲	中国农业教育	2016-08-10	食品及生物类专业	1.949 211
39	设施农业科学与工程专业实践教学体系的建设与改革	张保仁,曹慧,李媛媛,姜倩倩	中国农业教育	2012-12-10	设施农业专业	1.945 758
40	21世纪的农业与高等农业教育的人才培养	许祥云,彭泰中	高等农业教育	2000-05-30	人才培养	1.941 461
41	基于沿海都市型现代农业需求的人才培养对策	张雅光	广东农业科学	2011-09-10	人才培养	1.931 142
42	创新设施农业技术专业人才培养模式	祁连弟,赵永旺,张琨,徐艳玲,康丽敏	中国职业技术教育	2014-03-11	设施农业专业	1.923 494
43	"互联网+"视域下农业职业教育教学改革路径探索与实践	李辉,任华,罗敏	中国农业教育	2017-04-10	教研教改	1.905 486
44	建立适应都市型农业的高等农业职业教育体系	庄连雄	教育发展研究	1999-12-30	职教建设	1.896 748

续表

序号	篇名	作者	刊名	发表时间	涉及主要领域	影响值 T
45	创建福建地域特色设施农业科学与工程专业的思考	郑诚乐，林义章，林碧英，吴少华，郝志龙	福建农林大学学报（哲学社会科学版）	2008-03-05	设施农业专业	1.884 195
46	高职农业院校机电类专业创新教学方向的研究	陶杰，夏春凤，沈长生，马燕平	中国农机化	2011-07-25	机电类专业	1.877 518
47	都市型现代农业高技能人才培养改革与实践	王晓华，崔砚青，王振如，王福海，崔坤	中国职业技术教育	2015-09-11	人才培养	1.813 191
48	农业现代化进程中农科高职专业课程转型升级的实践探索	李振陆，赵茂锦，夏红，束剑华，尤伟忠	中国职业技术教育	2017-11-11	教研教改	1.804 747
49	学分制下设施农业科学与工程专业课程体系建设	陈友根，王冬良，陶鸿，裴孝伯，单国雷	安徽农业科学	2010-05-10	设施农业专业	1.799 691
50	北京农业职业教育发展对策研究	杜保德，李凌	中国职业技术教育	2008-08-11	职教建设	1.795 891
51	《都市农业装备应用技术》高职专业课程研究	吕亚州，蒋晓	中国农机化学报	2019-11-15	设施农业专业	1.785 718
52	服务都市型现代农业发展 培养应用型专门人才	郑文堂，华玉武，高建伟	中国高等教育	2013-09-18	人才培养	1.777 177
53	旅游管理（游憩与公园管理）专业本科人才培养思考	罗芬，钟永德，罗明春，胡旭辉，袁建琼	中南林业科技大学学报（社会科学版）	2014-12-15	休闲农业专业	1.765 349
54	浅谈高等农业职业教育人才培养模式的变革与特征	李秀华，郝婧	中国职业技术教育	2011-06-11	人才培养	1.763 831
55	农业高职院校服务北京新农村建设的思考及策略	郝婧	中国职业技术教育	2009-09-21	职教建设	1.757 953
56	突出职教特色走产学研一体化办学之路——苏州农业职业技术学院校办产业模式的实践探索	石丽敏，叶琦	中国职业技术教育	2008-12-11	校企结合	1.746 328

序号	篇名	作者	刊名	发表时间	涉及主要领域	影响值 T
57	"工学研融合、四段递进式"人才培养模式的研究与实践——以成都农业科技职业学院为例	周路	黑龙江畜牧兽医	2016-07-29	畜牧兽医专业	1.745 764
58	都市型农业与都市型农业院校创新人才培养	王会文	安徽农业科学	2011-05-20	人才培养	1.734 982
59	高职园艺技术专业"六园一体"校内生产性实训基地建设的探索与实践——以苏州农业职业技术学院为例	李寿田,钱剑林,唐蓉,钱兰华,汪成忠	职教通讯	2013-05-20	园林园艺专业	1.705 263
60	基于沿海都市型现代农业背景下的"三创一基"人才培养——以天津农学院为例	王立春,马文芝,卢绍娟	安徽农业科学	2011-03-20	人才培养	1.703 856
61	农业职业教育服务现代都市农业研究	杨长荣,周瑾	中国职业技术教育	2012-01-21	职教建设	1.688 413
62	设施农业科学与工程本科专业实践教学的改革与创新——以华中农业大学为例	黄远,程菲,张俊红,李国怀,张余洋	高等农业教育	2017-02-15	设施农业专业	1.672 794
63	关于天津沿海都市型现代农业人才培养的探讨	郑亚勤	天津农学院学报	2007-12-31	人才培养	1.671 41
64	经济发达地区涉农企业对农科人才需求结构调查及高校教育策略分析	张天保,李俊龙,吴彦宁,王恬,胡锋	高等农业教育	2012-03-15	教研教改	1.667 618
65	园艺专业创新型人才培养模式研究与实践	李贺,刘月学,叶雪凌,王春夏,李天来	沈阳农业大学学报（社会科学版）	2015-11-15	园林园艺专业	1.662 065
66	北京农业职业教育人才培养的主要问题及改进建议	冯学会	中国职业技术教育	2017-12-21	人才培养	1.648 633
67	都市型农学专业人才培养模式的形成与实践——以北京农学院农学专业为例	谢皓,潘金豹,陈学珍	中国农业教育	2012-02-10	农学专业	1.636 586

续表

序号	篇名	作者	刊名	发表时间	涉及主要领域	影响值 *T*
68	都市农业背景下农业院校学科建设的策略	赵向华	高等农业教育	2014-05-15	教研教改	1.635 193
69	以特色促发展 建设都市型现代农林大学	王慧敏	中国高等教育	2013-12-03	职教建设	1.617 841
70	扎实推进示范建设 创建一流农业职业学院	崔砚青，王振如	中国高等教育	2011-03-18	职教建设	1.614 893
71	沿海都市型农业院校本科专业人才培养方案适应性调整的思考——以天津农学院为例	边立云，马文芝，田健，刘慧	广东农业科学	2012-02-10	人才培养	1.609 978
72	农林经济管理专业方向建设思考	江金启，张广胜，刘强，吴东立	沈阳农业大学学报（社会科学版）	2015-03-15	经营、管理类专业	1.599 238
73	构建推广教授体系，服务北京都市现代农业	王慧敏，范双喜，沈文华	高等农业教育	2012-08-15	教研教改	1.598 421
74	动物科学与医学专业创新创业教学体系思考	李林，何剑斌，董婧，杨淑华，白文林	沈阳农业大学学报（社会科学版）	2016-11-15	畜牧兽医专业	1.597 216
75	城镇化过程中城郊农民继续教育意识的培养	张迪	中国成人教育	2017-03-21	农民培训	1.581 629
76	现代都市农业发展需求视域下的职业农民培育路径	许爱萍	农业科技管理	2015-08-26	农民培训	1.581 602
77	农业职业院校"植物生长周期循环"人才培养模式的探索与实践	赵晨霞，冯社章，王春玲，毕红艳	中国职业技术教育	2011-03-01	园林园艺专业	1.580 879
78	北京农业类高职专业发展现状的思考	郭玉梅，梁秀文	中国职业技术教育	2009-04-11	教研教改	1.567 123
79	都市农业背景下的农业高职教育教学改革	方蕾	中国成人教育	2010-11-30	教研教改	1.566 877
80	新型农业经营体系构建与农业高职教育专业体系优化	束剑华，刘海明，邬雨刚，许乃霞，仲子平	江苏农业科学	2014-09-25	教研教改	1.564 467

序号	篇名	作者	刊名	发表时间	涉及主要领域	影响值 T
81	深化内涵育人才 彰显特色惠三农——苏州农业职业技术学院升格高职院10周年巡礼	解鹏，郭志海	中国职业技术教育	2012-01-01	各类职校	1.558 28
82	试论北京农业职业教育	李秀华	中国职业技术教育	2007-11-11	职教建设	1.557 789
83	浙江休闲农业人才培养规范发展探讨	张建国	浙江农业科学	2015-03-02	休闲农业专业	1.546 73
84	为都市农业培养创业型园艺人才的实践与思考	顾勤，朱士农，王春彦，罗羽洧	金陵科技学院学报	2010-03-30	园林园艺专业	1.540 52
85	关于新型职业农民队伍建设的思考	张耀川，马俊哲，李凌	北京农业职业学院学报	2012-07-20	新型职业农民培育	1.536 995
86	绿色发展理念下京郊生态农业人才培养体系创新研究	李婷君，华玉武	农业展望	2017-01-28	人才培养	1.535 731
87	"技术管理型"食品质量与安全专业人才培养改革及实践	辛志宏，史秋峰，胡秋辉，陆兆新	中国农业教育	2009-12-10	食品及生物类专业	1.534 337
88	黑龙江农业工程职业学院"校农联合双主体"人才培养模式	程宇	职业技术教育	2010-10-10	设施农业专业	1.532 519
89	办好农业专家大院 推进产学结合——农业高职院校服务社会主义新农村建设的探索	卢晓东	中国职业技术教育	2008-02-11	校企结合	1.524 382
90	都市型高等农业院校人才培养模式研究与实践	范双喜，董跃娴，吴晓玲	高等农业教育	2009-01-15	人才培养	1.523 596
91	涉农专业中高职衔接的思考——以成都农业科技职业学院畜牧兽医类专业为例	邓继辉，姜光丽，黄雅杰，张平	黑龙江畜牧兽医	2015-11-20	畜牧兽医专业	1.496 58
92	高职创新创业人才培养要向绿色职教转型	丁继安，方东傅	职业技术教育	2013-12-25	园林园艺专业	1.478 062
93	农业职业人才供求：北京样本	李秀华	职业技术教育	2011-08-25	人才培养	1.473 566

续表

序号	篇名	作者	刊名	发表时间	涉及主要领域	影响值 T
94	经济新常态下服务都市型农业高校人才培养的思考	刘慧，田秀平	继续教育研究	2017-06-15	人才培养	1.463 219
95	"五位一体"：高职教育科学发展机理研究——基于职教转型视角的实践创新	杜保德，李凌，王力红	高等农业教育	2014-05-15	职教建设	1.462 375
96	都市园艺及其人才需求分析	何金明，肖艳辉	高等农业教育	2010-07-15	园林园艺专业	1.457 861
97	动植物检疫专业实践教学体系的构建研究	尹荣焕，刘宝山，韩小虎，原婧，尹荣兰	黑龙江畜牧兽医	2015-10-10	畜牧兽医专业	1.448 782
98	打造高素质的"双师型"教学团队以促进高等职业教育科学发展——师资队伍建设系列研究之一	张平，邓继辉	黑龙江畜牧兽医	2013-11-20	教研教改	1.444 091
99	高职水利类专业课程设置与教学体系构建研究	张玉福，左宏明，肇承琴，黄晓辉，崔瑞	辽宁高职学报	2010-05-20	水利专业	1.443 635
100	北京市农民科技素质及影响因素的实证研究	陈俊红，王爱玲，周连第	北京市经济管理干部学院学报	2009-03-15	农民培训	1.443 499
101	SWOT 分析视角下新型职业农民高职教育研究	李凌	高等农业教育	2018-12-15	农民培训	1.439 631
102	励志耕耘惠三农融入国际育人才	成海钟，顾金峰	中国职业技术教育	2007-04-11	各类职校	1.433 769
103	培养具备可持续发展能力的新型职业农民新思考——以成都农业科技职业学院畜牧兽医专业为例	邓继辉	黑龙江畜牧兽医	2014-07-20	农民培训	1.417 309

序号	篇名	作者	刊名	发表时间	涉及主要领域	影响值 T
104	高职专业教学资源库建设与实践——以成都农业科技职业学院畜牧兽医及相关专业为例	尹洛蓉	黑龙江畜牧兽医	2015-12-20	畜牧兽医专业	1.412 992
105	观光农业专业教学中存在的问题与改革措施	李发生，田凯先	安徽农业科学	2009-12-31	休闲农业专业	1.405 491
106	都市型现代农业园艺人才培养的探索与实践——以金陵科技学院为例	宰学明，朱士农，崔群香，王春彦	宁夏农林科技	2011-10-10	园林园艺专业	1.391 863
107	高职焙烤专业创业教育的探索与思考	华景清，蔡健，徐良	农产品加工（学刊）	2010-10-25	食品及生物类专业	1.389 885
108	食品专业校内实训基地建设的探索与实践	王薇	农业科技管理	2009-12-26	食品及生物类专业	1.379 776
109	食品营养与检测专业教学改革与实践——以苏州农业职业技术学院为例	夏红，刘桂香，王波	四川烹饪高等专科学校学报	2013-03-10	食品及生物类专业	1.379 748
110	基于现代生态循环农业的大学生创新创业能力培养	周靓，田进，饶家辉	黑龙江畜牧兽医	2019-08-10	生态、环境类专业、就业创业	1.371 707
111	提升理念重内涵 突出特色谋发展——北京农业职业学院办学实践	崔砚青，王振如	中国职业技术教育	2008-04-11	职教建设	1.366 52
112	高职园林技术专业"1+1+1"工学结合人才培养模式研究	黄顺，潘文明，唐蓉，尤伟忠	现代农业科技	2009-09-10	园林园艺专业	1.358 888
113	服务 走出一片天——北京农业职业学院服务"三农"侧记	刘红	中国职业技术教育	2007-03-11	校企合作	1.356 694
114	高职院校开展职业技能竞赛的探索与实践	王晶，崔宝发，张满清，李桂伶	黑龙江畜牧兽医	2015-01-20	教研教改	1.350 369
115	服务成都都市现代农业，建设特色休闲农业专业——以成都农业科技职业学院休闲农业专业建设为例	熊丙全，杨铱，阳淑，万群	中国农业教育	2018-02-10	休闲农业专业	1.348 277

续表

序号	篇名	作者	刊名	发表时间	涉及主要领域	影响值 T
116	以科普文化平台为载体强化品牌专业的内涵建设——以苏州农业职业技术学院园艺技术专业为例	韩鹰，陈军，束剑华	中国农业教育	2017-02-10	园林园艺专业	1.346 312
117	新形势下我国高等农业院校种业人才培养策略探讨	王州飞，张红生	中国农业教育	2013-06-10	籽种专业	1.345 316
118	基于高职"理实一体化"的动物繁殖课程设计的几点思考	付静涛，乔利敏，韩杰，肖西山	黑龙江畜牧兽医	2017-05-20	畜牧兽医专业	1.343 213
119	用全纳教育理念指导农业职业培训	毛建，易林，曾红，郑光树	成人教育	2013-09-20	农民培训	1.341 799
120	高职院校现代学徒制试点教育现状分析——以成都农业科技职业学院为例	罗丹丹，张平，杨洋，陈艳	中国农业教育	2017-02-10	教研教改	1.335 086
121	休闲农业女性人才的培养路径探析——基于利益相关者理论的思考	董霞，郭华	农业展望	2019-10-28	休闲农业专业	1.323 628
122	农业高职院校的定位、特色与发展	许亚东	高等农业教育	2011-09-15	职教建设	1.321 518
123	高等院校动植物检疫专业人才培养方案的比较研究	尹荣焕，白文林，原婧，刘宝山，韩杰	黑龙江畜牧兽医	2018-07-20	畜牧兽医专业	1.321 179
124	沿海都市型现代农业发展视域下天津农林高校大学生创新能力培养模式探究	杜丽华，沈高峰	天津农业科学	2018-01-01	教研教改	1.305 053
125	工学结合模式下实训基地建设的探索与实践——以北京农业职业学院为例	王晶，王晓华，程文华，崔坤	黑龙江畜牧兽医	2014-06-20	教研教改	1.303 48
126	改革农业职业教育服务休闲农业产业发展——从休闲农业的发展谈职业教育的改革创新	谈再红，姚季伦	湖南农业科学	2014-01-28	休闲农业专业	1.295 062

序号	篇名	作者	刊名	发表时间	涉及主要领域	影响值 T
127	高等农业职业教育课程创新研究——以成都农业科技职业学院为例	吴学军	高等农业教育	2007-12-15	教研教改	1.288 276
128	以高技能型人才培养为目标建设实训基地	周广和，崔坤	北京农业职业学院学报	2009-01-20	教研教改、人才培养	1.279 658
129	农科教融合培养都市园艺人才的探索与实践	宰学明，朱士农，孙丽娟，王春彦	安徽农业科学	2012-11-01	园林园艺专业	1.269 67
130	面向天津农业发展的农学专业人才培养模式研究	陈宏涛，吴锡冬，曹丽颖	山西农业大学学报（社会科学版）	2010-06-15	农学专业	1.260 006
131	四川农业大学森林资源保护与游憩本科专业人才培养目标探析	李梅，万英平，郭东力，沈迪玉	四川农业大学学报	2004-12-30	休闲农业专业	1.259 468
132	高校远程教学联盟平台及课程资源共享建设探索——以南京农业大学继续教育学院为例	徐风国，单正丰	中国农业教育	2012-12-10	继续教育与培训	1.245 808
133	苏州农业职业技术学院专业建设的实践与思考	蔡健，王薇	农业科技管理	2009-02-26	教研教改	1.240 799
134	北京农业职业学院中外合作办学实践与思考	赵庶吏，李英军	北京农业职业学院学报	2012-09-20	合作办学	1.233 986
135	高等农业职业教育的发展现状与对策研究	王福海，马俊哲，李凌	北京农业职业学院学报	2013-11-20	职教建设	1.221 595
136	连锁经营与管理专业工学交替人才培养模式的探索	殷志扬	科技情报开发与经济	2010-01-25	经营、管理类专业	1.221 193
137	循环农业人才培养需"三"思而行	刘纯阳	湖南农业大学学报（社会科学版）	2010-04-15	生态、环境类专业	1.213 45

续表

序号	篇名	作者	刊名	发表时间	涉及主要领域	影响值 T
138	基于校企合作背景下学生职业素质教育探析——以成都农业科技职业学院畜牧兽医分院为例	姜光丽, 唐阚勇	当代职业教育	2011-09-15	畜牧兽医专业	1.209 915
139	关于京津冀都市型现代农业职业教育协同发展的思考	鄢毅平	北京农业职业学院学报	2017-03-20	职教建设	1.204 154
140	都市型农业背景下农业院校研究生实践能力的培养——以兽医学为例	崔君, 周庆强, 金天明, 马吉飞	天津农学院学报	2019-06-30	畜牧兽医专业	1.188 757
141	校企共建养猪专业学院深化人才培养模式初探	邓继辉	黑龙江畜牧兽医	2013-12-10	畜牧兽医专业	1.187 302
142	建设设施农业科学与工程专业的思考	王丽娟, 边珮璐, 王学利, 李树和, 刘海荣	天津农学院学报	2012-12-31	设施农业专业	1.185 762
143	现代学徒制模式在本科院校人才培养实践中的借鉴与探索——以沈阳农业大学为例	韩杰, 白文林, 尹荣焕, 原婧, 陈晓月	畜牧与饲料科学	2017-11-03	人才培养	1.176 391
144	如何搞好都市现代农业中的农民技能培训工作	高佳	天津农业科学	2013-02-01	农民培训	1.173 016
145	园艺园林类高职在校大学生创业现状调查及对策研究——以苏州农业职业技术学院为例	戴培培, 尤伟忠, 陈君君, 李寿田	学理论	2011-12-10	园林园艺专业	1.169 58
146	"寓学寓工 校企共育"创新人才培养模式的研究与实践——以苏州农业职业技术学院食品专业为例	李海林, 许建生, 尤荣, 胡强	农产品加工（学刊）	2013-10-20	食品及生物类专业	1.162 991
147	高职院校种子种苗生产技术课程改革探讨	靳晓翠	园艺与种苗	2012-06-15	设施农业专业	1.144 068

序号	篇名	作者	刊名	发表时间	涉及主要领域	影响值 *T*
148	中国与加拿大小动物医学专业高等职业教育的思考——以北京农业职业学院与加拿大圣力嘉学院为例	李志，刘朗	黑龙江畜牧兽医	2012-12-20	畜牧兽医专业	1.131 77
149	高职园林工程专业人才培养目标和教学改革探讨——以成都农业科技职业学院园林工程技术专业为例	王占锋，苏婷婷	现代园艺	2011-07-25	园林园艺专业	1.126 117
150	基于教学标准制定的休闲农业专业调研报告	许建民，颜志明，熊丙全，陈彦汝，左宏琴	高等农业教育	2018-10-15	休闲农业专业	1.121 998
151	动物医学专业人才培养模式探讨	于立辉，赵玉军，张文亮，刘明春，陈晓月	沈阳农业大学学报（社会科学版）	2005-12-30	畜牧兽医专业	1.118 15
152	高职水产养殖专业现代学徒制人才培养模式的实践	李成伟，李月英，吴宏伟，刘海燕，姜光丽	职业教育研究	2019-03-08	畜牧兽医专业	1.115 914
153	高职院校学生顶岗实习与青年教师企业实践结合模式探索——以苏州农业职业技术学院环境类专业为例	于淼，李冠华	教育教学论坛	2018-04-04	生态、环境类专业、校企结合	1.103 24
154	广州等市城郊型农村职业技术教育的改革	梁友君	人民教育	1992-10-27	教研教改	1.102 096
155	设施农业科学与工程专业发展探析	侯金锋，袁凌云，陈国户，汪承刚，朱世东	现代农业科技	2018-11-20	设施农业专业	1.094 375
156	高职院校农业类专业创业教育的探索与实践——以成都农业科技职业学院为例	万群，阳淑，熊丙全	职业教育研究	2015-09-08	就业创业	1.088 476
157	提高人才培养质量的思考——以苏州农业职业技术学院为例	蔡健	农产品加工（学刊）	2012-06-25	人才培养	1.076 582

续表

序号	篇名	作者	刊名	发表时间	涉及主要领域	影响值 T
158	以都市应用为目标的园艺专业人才培养模式探索	姚岭柏，韩海霞	安徽农业科学	2017-01-21	园林园艺专业	1.075 831
159	引入市场机制，构建高职设施农业专业校内实践教学新模式	费显伟，张立今，王国东，富新华	高等农业教育	2003-04-30	设施农业专业	1.075 786
160	高职《水生生物》课程信息化教学改革与实践	刘海燕，吴宏伟，李月英，李成伟，陈淼	畜牧与饲料科学	2018-01-26	畜牧兽医专业	1.072 321
161	跨区域合作办学的理念创新与实践探索——以北京农业职业学院为个案的研究	马俊哲，李凌	北京农业职业学院学报	2012-01-20	合作办学	1.045 32
162	高职院校课堂教学质量评价体系的改进与实践——以北京农业职业学院为例	杨学坤，刘琳	北京工业职业技术学院学报	2019-11-25	教研教改	1.034 029
163	森林生态旅游专业教学标准研制调研报告	屈中正，李蓉，郑新红	湖南生态科学学报	2019-12-25	休闲农业专业	1.032 815
164	以科技项目为载体，培养都市农业创新型园艺人才	纪易凡，宰学明，孙丽娟，朱士农	中国园艺文摘	2013-01-26	园林园艺专业	1.028 113
165	都市型农业及其人才培养问题	卜妙金	仲恺农业技术学院学报	2001-03-30	人才培养	1.023 242
166	森林资源保护与游憩专业人才培养目标与人才培养模式探讨	周梅，刘殿国，丛林，段科德，刘尧	中国林业教育	2003-07-20	休闲农业专业	1.009 75
167	高职院校休闲农业专业校外实训基地建设研究	蔡会敏	高等农业教育	2019-10-15	休闲农业专业	1.004 729
168	高职院校《观光农业概论》课程教学改革探讨	吴松芹，陈素娟	园艺与种苗	2015-10-15	休闲农业专业	1.004 67
169	高等职业教育设施农业专业人才培养目标和培养模式的构建	费显伟，周贵平，富新华	高等农业教育	1999-07-30	设施农业专业	1.003 667
170	论都市型现代农业人才培养创新——以北京农学院为例	白艳娟，刘蓬勃，刘芳	安徽农业科学	2014-12-12	人才培养	1.002 182

第4章 知识服务现状及用户知识需求分析

本章主要分析总结了都市农业职业教育知识服务的现状，进一步根据现状设计、收集目标用户知识需求问卷，并进行目标用户知识需求情况的统计分析。

本章数据除特别注明外，均获取于 2022 年 2 月。

4.1 都市农业职业教育知识服务现状

目前能提供"都市农业职业教育"领域知识服务的主要机构是提供都市农业职业教育的学校图书馆，还有一些相关科研机构的文献情报中心以及公共图书馆等。

4.1.1 都市农业职业教育知识服务背景情况

作为都市农业职业教育的学校图书馆应当是提供"都市农业职业教育"专题文献知识服务的主体机构，这也是其职责所应起到的作用。从前期研究的检索结果看，北京农业职业学院、成都农业科技职业学院、苏州农业职业技术学院、北京农学院四所院校是较为活跃的作者机构，在"都市农业职业教育"研究方面表现尤为突出。

表 4-1 展示了国内四所主要的都市农业职业教育学校及其图书馆的基本情况。

表 4-1 国内四所主要的都市农业职业教育学校及其图书馆基本情况

校名	教职工人数/人	其中教师人数/人	在校生人数/人	重点专业	图书馆人员/人	馆藏量/册
北京农业职业学院	840	423	8000 多	都市园艺、动物医学、绿色食品	20	纸本藏书 51 万余，电子馆藏 60 万余
北京农学院	760	550	8400 多	园艺、动物医学、农林经济管理	18	纸本藏书近 90 万，电子馆藏近 240 万
苏州农业职业技术学院	656	426	11000 多	园艺、园林工程、食品科技	22	纸质藏书 56 万余
成都农业科技职业学院	660	暂无公开数据	13000 多	农业园艺、风景园林、畜牧兽医、经济贸易	暂无公开数据	纸质 51.3927 万，电子图书 35 万

这四所院校主要面向各都市圈农业产业，从事职业教育及培训，培养各方面专业人才，其中也包括新型职业农民培育。从表4-1中可以看出，各院校的教职工数量、专任教师数量以及图书馆馆藏量、图书馆人员数量等较为接近，基本处于同一数量段。除在校生培养外，这四所院校都有继续教育岗位技术培训、新兴职业农民培育的任务，教育培训的任务比较繁重。此外，各院校大多承担了地区、行业的研究、发展等任务，建立了"都市农业"相关的垂直机构或者作为组织牵头单位承担相关职责。

近些年，"都市农业职业教育"相关的研究呈逐年增涨状态。根据前期研究文献检索结果，"都市农业职业教育"相关文献从 2006 年开始有了明显增长的趋势，在之后基本保持了持续增长的态势，并相对稳定。

但与此趋势不相称的是，与"都市农业职业教育"相关的知识服务却很少有研究见诸文字。在"中国知网"按照主题"都市农业＋职业教育＋知识服务"组合检索后，发现结果为零，说明行业内亟须加强对"都市农业职业教育"知识服务的研究和提升。

4.1.2 "都市农业职业教育"知识服务现状——以北京农业职业学院为例

我们以首都的都市农业职业教育为例，北京农业职业学院是主要职业教育机构之一。北京农业职业学院重点建设了都市园艺专业群、动物医学专业群、绿色食品专业群及水利工程专业群，并发展孵化了农村经营管理、现代服务、智慧农业 3 个专业群，专业设置覆盖都市型现代农业一、二、三产业融合发展的人才需求，形成与都市农业产业高度契合的专业集群，服务于北京都市农业发展。

下面以北京农业职业学院为例，从资源状况、用户状况、服务状况三方面说明知识服务现状。

1. 资源状况

北京农业职业学院图书馆共有各学科馆藏纸质图书 508 895 册，馆藏数据库 43 个，馆藏电子书 60 万余册，并建有学术文库（纸质专藏）和机构知识库（平台及数据库）。其中"学术文库"专室收藏中与"都市农业"紧密相关的图书达 1089 册。此外，在"都市农业职业教育"方面，图书馆先后通过 3 项专门的课题研究，出版"都市农业职业教育"专题文献研究的专著 2 部，形成了"都市农业职业教育"专题文献的汇编，共收录了 547 篇期刊论文、学位论文及会议论文文献目录，并对其中 170 篇较高学术影响力的期刊文献进行了要点选摘和简要分析。

2. 用户状况

北京农业职业学院是百所国家示范性高等职业院校之一，是市属农业类高职院校的代表。该校共分四个校区，教职工 840 人，其中教师 423 人，教授 48 人，教师高级职称占比 58%，双师型专任教师占专任教师总人数的 76% 左右。但是，在实际的教学工作中存在着教师与企业对接不够紧密、教学教法知识储备不够完善、信息素养有待提高、科研能力较弱等问题，与职业教育"师徒制"育人方式和创新、跨专业协作能力的培养目标不相适应。

北京农业职业学院的教育结构较为复杂，既包含一校四区的地理分布，也包含相关垂直机构和理事单位。其中一校四区全日制在校生（包括中专、大专层次）约6000 人。北京农业职业学院也承担对全市新型职业农民、基层村干部的在校培养工作。在垂直机构方面，北京市农业广播学校隶属该校，承担着农民教育培训、农村实用人才培养以及农业技术传播和科学普及的公共服务职能，是开展新型职业农民教育培训和农村实用人才培养的主力军。北京市农业广播学校常年在校生约 2000 人，每年培训农民约 5 万人次，在校生培养和农民培训的教育教学是都市农业职业教育知识服务的主要方面。此外，北京农业职业教育研究所也是学校垂直内设研究机构，承担着学院在都市农业职业教育方面的理论和实践研究，为学院高质量的建设与发展提供智库服务。

北京农业职业学院作为北京地区唯一涉农专业高职院校，现为中国都市农业职教集团理事长单位、中国职业技术教育学会现代农业职业技术教育专业委员会主任单位以及农业部全国新型职业农民培育示范基地等，兼具着与都市农业企业校企合作、乡村振兴和新型职业农民培养培育的重任。这也是都市农业职业教育知识服务应当着力的重要方面。

3. 服务状况

北京农业职业学院图书馆馆员队伍总体素质较好。总数 20 人，副高级以上职称占 40%，研究生以上学历占 35%，且具备农业各专业以及图书情报专业背景，形成较好的文献信息服务基础。

目前，图书馆提供的知识服务还是以基础性的文献信息服务为主，诸如原文传递、馆际互借等文献借阅服务，查新、查收和查引服务，用户信息素养教育和培训服务，以及以面对面、电话、QQ 及微信等为手段的参考咨询服务等。对以语义关联的知识组织为手段的深层次知识服务还缺乏相关的技术，虽然尝试开展了以嵌入用户应用场景为特点的嵌入式学科服务，但是由于技术和服务内容有限，嵌入深度和牢固度不够，有待以更新更优的手段取得嵌入服务的突破。此外，图书馆还开展了诸如微信群、微信公众号、移动图书馆 App 等形式的泛在化服务，虽然即时响应等优势效果不错，但是提供的服务内容仍以文献传递为主，相对单一、基础。

其他的职业院校图书馆现状类似，大体上职业院校图书馆所能提供的知识服务现状也类同，没有明显的差异。

4.1.3 都市农业职业教育知识服务现状总结

综上，图书馆作为学院文献信息资源的集散地，也必然要为目标用户提供"都市农业职业教育"专题文献的知识服务，尽量满足广泛和多层次群体的文献知识需求。为保证教育教学和科研能够更好地适应用户需求，及时跟上教育改革的步伐，图书馆必须加强文献知识服务，提高和深化服务水平和内涵。目前，图书馆的现状从基础条件到服务手段都尚未充分适应要求。

1. 图书馆建设缺乏应有的高度和统一的规划

图书馆目前不仅在经费上投入不足，在管理和规划上也都没有把面向全市都市农业职业教育的文献信息服务纳入范围内。

2. 图书馆目前的文献信息服务力量不足

首先是馆藏，馆藏结构相对单一，以学科教育相关度较高的教材教辅图书为主，而面向都市农业职业教育研究所需要的文献资料不足；相关的数字资源也是以一般学术性文献信息为主。其次是人员队伍，人员数量有限，专业化分工不够，其自身观念老旧，服务手段也有限。各种内外因素造成服务工作模式相对固化，服务意识和主动精神不足，文献信息服务成效不佳。此外，还有现有队伍的业务知识技能落后，更新迭代缓慢，文献情报信息加工处理技能缺乏，现代文献情报知识和技能培训不足等问题。

3. 图书馆文献信息服务手段有限

目前图书馆文献信息服务限于馆员业务能力不足，不具备对文献信息深层次挖掘和处理的能力，难以满足现在的教育教学科研发展的任务目标对高度组织化、个性化乃至智慧化等多种类型文献知识产品的服务需求。现有服务形式和手段还是以传统文献信息服务为主，如专题文献提供、文献数据库代查代检索等，缺少深层次文献知识加工技术和产品。图书馆对现有文献的整理、开发也不足，虽然收集了部分都市农业职业教育的特色纸质文献，但对于其中知识的组织和整合、分析和处理非常有限，没有形成具备更高知识附加值的可供进一步开发利用的特色数据库，因此目前的文献知识服务的影响和辐射范围很有限，对教育教学和科研的潜在作用并未有效地发挥出来，对于管理、决策等方面的影响更是微弱。

4.2 "都市农业职业教育"专题文献知识服务用户需求调查分析

4.2.1 目标用户类型

从词义上看，"都市农业职业教育"是一个复合主题概念，是由"都市农业"和"职业教育"两个专有名词概念组成的偏正搭配关系，"都市农业"修饰"职业教育"，"职业教育"是整个复合概念语义的中心。因此，"都市农业职业教育"的关键是职业教育，是针对有关"都市农业"各类型的学科知识、技术、技能等进行的职业教育和培训。

"都市农业职业教育"专题文献的重点内容也是与都市农业相关的职业教育所关注的重点内容，是都市农业职业教育和培训机构对职业教育相关问题进行研究后的文献成果。大致包括了有关职业教育的教育管理、教育教学改革、课程教学、实习实训、就业创业、学校教育与培训等内容。

"都市农业职业教育"专题文献服务从功能上应当提供管理、决策的参考咨询，有利于帮助科研人员确定课题选题和研究方向，促进相关学科、专业一线教育教学工作者对教学和实习实训趋势、动向、案例的学习、了解和借鉴，也能够为相关研究提供论证依据和研究方法，帮助他们通过查阅专题文献资料以保持对国内外学术思想和最新研究成果的跟踪和利用，并从中了解该领域前沿动态和最新信息。图书馆提供的专业的文献知识服务，对于研究工作者来说，能够有效避免重复劳动以及无效劳动和投入；对于管理者和决策者来说，他们能够通过吸取他人的经验和教训有效避免决策失误，通过借鉴他人成功的经验和引入卓有成效的方法，也能够有效推动教育教学改革，提高教育收益。

因此，"都市农业职业教育"专题文献知识服务的目标是全面收集和深度组织有关专题文献，从而面向该领域从事教育管理和决策、教育教学和科研实践等相关的工作人员，为其解决管理、决策、教学、科研等工作中遇到的问题，拓展思路和方法；开发提供不同方面、不同层次、专业化的文献知识产品服务，促进该领域相关人员决策、工作、研究水平的提高，实现提高职业教育育人质量和水平的目的。

鉴于"都市农业职业教育"专题文献知识服务的特点及实际情况，可归纳其目标用户主要有以下三类群体。

①都市农业职业教育研究者，以从事都市农业职业教育的学校机构以及专门的教育科研机构中承担教育科研探究任务的人员为主。

②都市农业职业教育管理者、决策者，以从事都市农业职业教育的学校机构以及相关教育管理机构的教育管理者、决策者为主。

③都市农业职业教育的一线教育工作实践者，即教育教学改革实践的践行者，以从事都市农业职业教育和培训的学校等机构的教师、教辅人员为主。

4.2.2 调查问卷的设计目的、对象以及框架

4.2.2.1 调研目的及意义

我们通过调研了解了都市农业职业教育用户群体对文献知识获取、利用和满意度情况，以及用户对知识服务的认识和需求情况。通过前文探讨，我们对都市农业职业教育行业整体的知识服务现状已有所了解，所以本调查重在对行业内专题文献方面的知识服务如何实现升级、在哪些方面着力加强等问题做进一步调研。通过用户调研及分析，我们发现目标用户获取和满足文献知识服务需求的渠道、特点、趋势和主要影响因素，为后续研究提供实证和方向，最终目的是促进该领域三类用户管理、决策、教学、教学辅助及科研等工作水平的提高，从而实现提高都市农业职业教育育人质量和水平的目的。

进一步来说，我们期望通过问卷调研的结果和结论总结，结合现状需求情况，发现领域知识服务的问题和趋势，从而明确对领域知识服务努力的方向、需要深化的途径和方式，为后续的本体建模和嵌入式知识服务模式研究提供需求依据和研究基础。

4.2.2.2 调查对象

本次调研样本来自北京农业职业学院。选取的理由是该学校从事都市农业职业教育多年，且职业教育层次、类型齐全，都市农业专业齐备，教学、实习等各方面具备相当规模，发展较为成熟平稳，且是北京市高职示范校和"双高""特高"建设校。除此之外，该校图书馆在"都市农业职业教育"专题文献建设方面也探索研究了多年，学院为此专门立项了多项课题进行研究，相关的文献也有不少积累，具备了较好的调研基础。

本次调研的目标对象为该校从事都市农业职业教育领域三类工作任务的群体：①研究者（科研任务人员）；②管理者和决策者；③一线教育工作实践者（教师、教辅人员）。

4.2.2.3 调查方法

调查采用对目标群体有针对性精准抽样的方式，并一对一线上发放"问卷星"问卷，指导完成问卷填写并最终实现有效回收。

4.2.2.4 调查框架

我们根据本研究前述各类用户的界定以及目标用户的实际情况来确定调研框架。设计思路是按照"了解现状→发现影响和阻碍因素→获得改进提升的方向"的思路来进行。

首先对调研对象的基本情况做简单了解，目的是便于从岗位和工作身份、年龄和学历层次来分层分析用户特点。其次是深入了解用户的文献知识需求及利用情况的现状，包括获取知识的渠道、获取的目的、影响获取的因素、希望获取的类型、获取有无困难等。虽然理论上可获取的途径较多，但实际上可用的条件比较有限。从用户的现实选择和受影响的关键因素可以获知影响现有文献知识利用的主要因素有哪些，从而找到研究突破点和学科发展建设的方向。再次是了解文献知识服务利用现状，包括利用的类型、频度、满足需求程度、了解程度、各影响获取的因素。从用户利用知识服务的现状、特点和影响因素，可以分析得到制约知识服务的关键因素，进一步分析原因，找到改进知识服务的办法和方向，从而更好地满足用户的知识需求。最后对用户进行文献知识服务的意向性调查，包括对文献知识导航服务、个性化服务、文献知识检索服务的需求和意愿。

调研框架由 4 个第一维度和 20 个第二维度构成，具体如表 4-2 所示。

表 4-2　"都市农业职业教育"专题文献知识服务用户调查框架

第一维度	第二维度
用户的基本情况	身份
	年龄
	学历
	任务属性
用户文献知识需求及获取情况	来源渠道
	获取目的
	影响因素
	文献知识类型
	获取情形
用户文献知识服务利用现状	利用的类型
	满足需求程度
	了解程度
	频度
	影响因素
用户文献知识服务模式意向	文献知识导航服务需求
	个性化服务需求
	文献知识检索服务需求
	对文献知识导航服务意向
	对个性化服务意向
	对文献知识检索服务意向

4.2.3 调查问卷的结果分析

调查问卷采用一对一线上"问卷星"问卷方式发放，总共发放 126 份，有效回收 126 份。

调查结果中,用户基本情况调查与实际情况相符:调查样本中以身份为行政、教辅人员(43.65%)及教师(41.27%)的人为主,管理者、决策者(15.08%)相对较少;调查样本中年龄以31~50岁(81.75%)为主;学历以大专以上(84.13%)为主;任务属性以教学、教辅工作(53.17%)为主,研究工作(28.57%)次之,管理、决策(18.26%)最少。(性别、专业等因子因与本调查用户类型、调查内容和目的相关性不大,未纳入调查。)

根据本次调研的结果,总体可以得到以下结论。

①用户文献知识需求及获取仍以传统、实用的方式和渠道为主。用户获取知识的主要来源仍以传统的图书馆信息资源为主(76.19%为使用专业数据库,66.67%为查询馆藏书籍报刊),但互联网资源的作用已不可小觑(72.22%为查询相关网站或App),需要图书馆引起重视。个人的文献知识来源渠道满足程度不足(11.9%)。主动求助图书馆协助获取知识的很少(20.63%),可见图书馆服务在主动性和便利性方面不够,用户对图书馆深层次知识服务能力的信心不足。具体如图4-1所示。

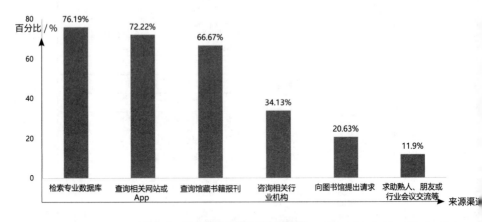

图4-1 用户获取文献知识来源渠道

②用户获取文献知识的主要目的以研究性工作(69.05%)和了解动态信息(68.25%)为主,教学和教辅工作需要(56.35%)次之。用户管理、决策(38.89%)和论文撰写(36.51%)对文献知识服务利用相对较弱,具体如图4-2所示。

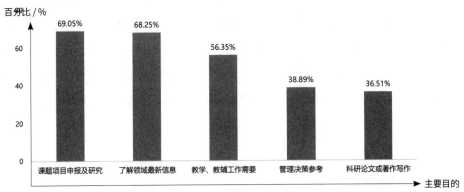

图 4-2 用户获取文献知识主要目的

③影响用户选择图书馆获取文献知识的因素主要是便利性、资源储备量以及资源整合度、个性化服务等方面。该校图书馆利用率不高的主要原因有流程不够便利和服务人性化不足，真正需要的资源找不到，且资源未经整合，不利于统一利用，以及对服务的个性化定制不够等。以上因素说明该校图书馆目前的服务还有较大改进空间。图书馆资源开发和服务的手段以及技术水平是影响用户获取和利用图书馆服务的重要因素，具体如图 4-3 所示。

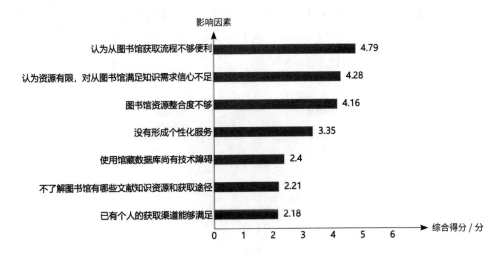

图 4-3 用户选择图书馆获取文献知识的影响因素

④用户希望获取的文献知识产品类型以具体问题的解决方法或方案（73.81%）、研究分析报告和动态进展（62.7%）及专业知识库、数据库（56.35%）为主，说明用户对深层次知识产品有较强的潜在需求，文献知识服务需要加强和尽快升级，并增加深加工和高整合度的知识产品。用户对提供解决问题或领域分析报告和方案更感兴趣，对高层次知识产品类型有明显需求，这是知识服务潜在的生长点，具体如图 4-4 所示。

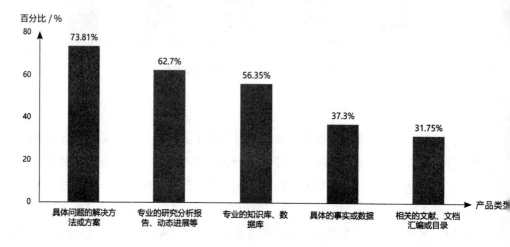

图 4-4　用户希望获取的文献知识产品类型

关于是否有获取知识无从下手的情形以偶尔为主（51.59%），说明从主、客观方面来看，知识服务需求尚未明晰，图书馆方面亟须开发可用性好、价值较高的知识服务产品和手段，具体如图 4-5 所示。

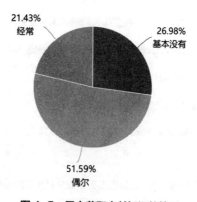

图 4-5　用户获取文献知识的情形

⑤用户文献知识服务利用现状仍以基础服务为主，相对单一。

对于用户文献知识服务利用现状而言，图书馆方面亟须提升其便利性、深加工程度以及个性化程度，提高用户对知识服务的认知，并加强宣传引导，提高影响力和认可度。

用户文献知识服务利用类型以文献代查代检和馆藏数据库检索为主，图书馆提供的仍为传统基础服务，对深层次服务的认知不够，具体如图 4-6 所示。

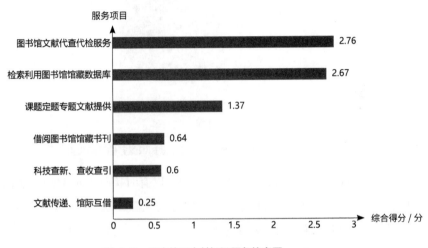

图 4-6　用户使用文献知识服务的意愿

现有文献知识服务的满足需求程度以满足（44.44%）和一般（32.55%）为主，除工作任务因素外，用户需求仍需开发、引导。虽然超半数的用户能满足，但感受一般及不满足的总数仍不少，图书馆的知识服务还需要大力加强，具体如图 4-7 所示。

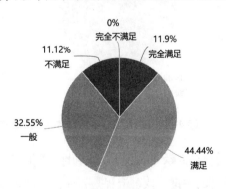

图 4-7　现有文献知识服务满足知识需求程度

⑥用户对图书馆文献知识服务的了解程度以一般为主（42.07%），不了解次之（33.33%），不了解多于了解。说明图书馆文献知识服务仍处于初级阶段，用户对其内涵还不太了解，文献知识服务的宣传、影响力不够，还需要图书馆加大推广宣传力度，具体如图4-8所示。

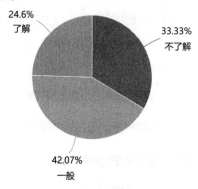

图4-8 用户对文献知识服务的了解程度

⑦用户接触图书馆文献知识服务的频度以有时接触（44.44%）为主，偶尔接触次之（29.37%）。说明图书馆文献知识服务利用程度一般，用户总体上偏于接触不多。图书馆知识服务仍需加强主动服务和推广力度，具体如图4-9所示。

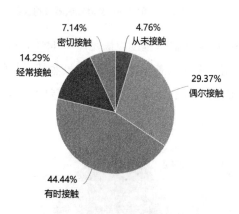

图4-9 用户接触图书馆文献知识服务的频度

⑧影响因素方面，用户对文献知识服务的便利性、深加工、个性化方面比较在意，这些因素是取得用户认可的关键。认可流程是否简便、内容是否深加工、获取是否

便捷"非常重要"的用户较多，认可是否有个性化服务及是否有后续服务"重要"
的用户较多。说明用户选择文献知识服务更看中的是流程的便利性、内容的知识含
量以及获取过程是否简便省时。此外，用户也很看重文献知识服务是否能提供个性
化和后续服务。总体强调以便利性、知识性和个性化为主，具体如图 4-10 所示。

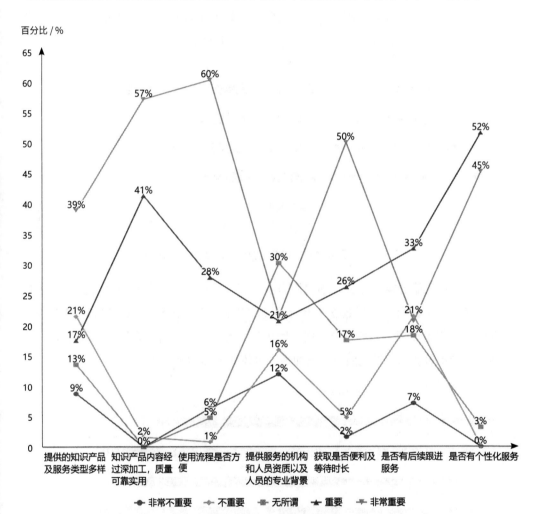

图 4-10　用户选择文献知识服务的影响因素重要程度

⑨因现有模式的欠缺，用户对改善文献知识服务，发展个性化服务、知识检索服务以及知识导航服务有着较为强烈的需求。这将是今后知识服务的主要技术应用方向。图 4-11—图 4-13 为相关方面的调研结果。

在文献知识导航服务需求方面，用户认为主要有文献不好查找（63.49%）、不能按内容主题细分（42.86%）、传统检索效率较低（46.83%）等问题。集中在传统信息服务不够便利，查找效率低，费时费力上，具体如图 4-11 所示。

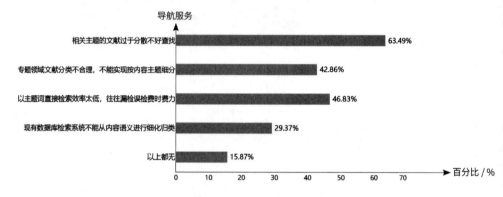

图 4-11　用户对于文献知识导航服务的需求

在个性化服务需求方面，用户认为主要有不能做到针对个人细化定制且内容单一（65.08%），个人特征数据没有保留（62.7%）以及服务没有连贯性（59.52%）等问题。集中在现有服务不能体现个性化服务的细化、针对个人轨迹以及保持一贯性上。知识服务的个性化服务应当加强，具体如图 4-12 所示。

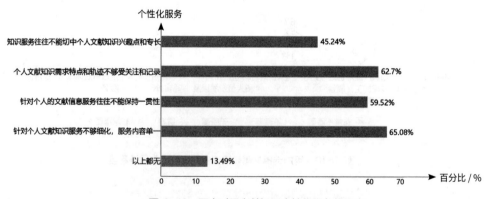

图 4-12　用户对于文献知识个性化服务的需求

在文献知识检索服务需求方面，用户认为主要有现有检索准确性（59.52%）、访问权限（57.94%）以及检索结果筛选负担较重（54.76%），发现相关结果较难等问题。问题主要体现在查准率、相关度不够以及数据库访问权限上，说明了知识服务的优越性和重要性。具体如图 4-13 所示。

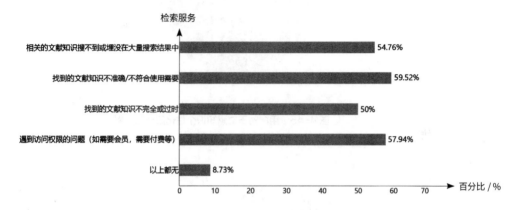

图 4-13　用户对于文献知识检索服务的需求

⑩用户对文献知识导航服务（82.54%）、个性化服务（59.52%）、文献知识检索（64.29%）意向都以非常愿意为主，意愿强烈。具体如图 4-14 至图 4-16 所示。

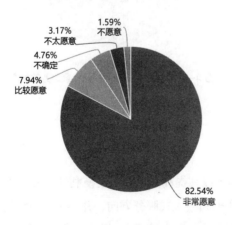

图 4-14　用户对于文献知识导航服务的意愿

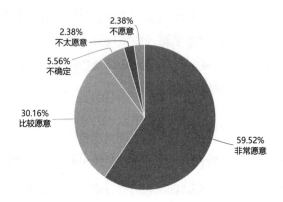

图 4-15　用户对于文献知识个性化服务的意愿

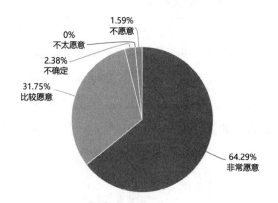

图 4-16　用户对于文献知识检索服务的意愿

4.2.4 调查结论

4.2.4.1 调查总体结论

综上所述，我们总体可以在提高知识服务的便利性、精准性、主动性、个性化、人性化等方面明确本体建模和嵌入式服务方向，并得出如下结论。

①用户文献知识来源仍是以图书馆为主，但在需求满足的覆盖度和需求层次上，文献知识服务很有必要在服务知识产品的升级、提高服务的便利性和主动性，以及

增强人性化服务等方面进行优化。嵌入式服务的人性化、主动性和便利性的特征正对应了目前知识服务需要提高的方面。

②用户的主要需求仍围绕科研以及教学、管理等本职工作，需要了解最新信息，因此文献知识服务应主要围绕这几方面开展需求服务和产品开发。

③图书馆应当重视提高服务的便利性、资源的覆盖度以及资源之间的整合、个性化服务等影响用户使用图书馆知识服务的主要方面。而本体的语义化知识组织特性在实现知识的重构、高度语义化及知识资源重新整合上的优势可以有效降低限制用户使用知识服务因素的影响，更有利于促进用户使用知识服务，利用知识资源。

④用户对深层次知识产品有明显的潜在需求，这也要求现有的知识服务能尽快实现升级，加快知识产品开发进程。而专业馆员可通过高度智能化活动对知识资源的二次开发和深加工来完美匹配嵌入式知识服务，更好地满足用户需求。

⑤知识服务还需要加强用户调查、推广、宣传和培训。提高馆员对用户需求的掌握以及知识服务在用户中的知晓度，并且通过专业培训使用户尽快掌握先进的技术工具和手段，提高获取知识信息的技能。

⑥文献知识服务模式需要进一步优化。要丰富产品内容，加强知识挖掘和加工，提高服务便利度，增强与用户的交流以及积极收集反馈意见等。尤其是在用户对服务便利性、精准性以及个性化服务的意愿比较强烈的情况下，在具体的服务模式设计中，应考虑以本体技术为基础，融文献知识导航、个性化服务以及文献知识检索技术于一体的嵌入式知识服务模式。

4.2.4.2 三类用户特点调研结论

根据调研结果并结合其工作实际现状，我们依据三种类型目标用户不同的工作性质及要求，对具体的知识需求和相应的知识服务的侧重和特点也有所不同，通过进一步具体细化分析和总结，我们得出以下结论。

第一类用户为都市农业职业教育研究者，以满足科研任务为核心需求，其工作任务主要是研究都市农业职业教育领域中的前沿和疑难问题，为管理决策提供参考。这类用户需求具有学术性强、研究性强、对知识质量和加工程度要求较高，有适度超前性等特点，其知识需求层次和对知识服务的要求相对较高，对知识服务的深层次知识产品的需求较大，知识需求覆盖科研活动全程，需要知识服务持续跟踪。知识服务紧紧围绕科研选题、立项、结题等各阶段，提供包括领域动态趋势、科研专题情报分析等知识产品。这类用户对知识服务的依赖度最高，对本体化的知识产品需求更强烈，对知识重组和整合带来的知识价值提升的愿望更迫切，也更加需要专业馆员对科研全过程进行嵌入，各环节参与，以及对本体知识库的二次加工和再开发利用。

第二类用户为都市农业职业教育管理者、决策者，以满足管理决策为核心需求，其工作任务主要是保证教育管理平稳顺利开展，并及时响应政策及现实变化，能够及时发现和选用合适的方法，以取得当前工作的突破。其知识需求以领域内新的政策动态、行业趋势、思想理念、新的典型改革和做法案例为主。这类用户的知识需求重在对有关热点、典型问题的分析研究上，具有以点为主、点面结合的特点，尤其强调知识产品内容的宏观性、政策性、典型性、示范性和可操作性。这类用户期望在重要决策问题上，专业馆员嵌入决策过程提供知识服务，能根据本体知识库的相关主题和热点事件进行深加工，及时提供专门研究分析报告，以对决策起到有力的佐证和支撑作用。因此，这类用户格外要求要及时把握好决策时间点，及时提供支撑服务。

第三类用户为都市农业职业教育的一线教育工作实践者，包括教师、教辅人员等，以满足教学实践为核心需求，其工作任务主要是保证自身教学及教辅岗位工作成效，并能根据学校总体及现实需求及时取得有关教学、课程、实习实训等方面的改革和创新，不断推动工作进展。其知识需求以学科发展趋势、教育教学实习实训新的改革和做法案例以及相关领域新的思想理念为主，也包括学科和岗位领域发展动态、学科和岗位领域前沿趋势分析预测等，其知识需求具有重在实践、要有具体做法、面向一线、讲求实效等特点。因此，这类用户对本体知识库中按学科、农业类型及相关热点事件聚类的价值知识信息有较强的兴趣和需求，需要专业馆员在嵌入式教学活动的服务中，及时把握用户对教学创新改革的诉求，提供相应的聚类知识和深加工分析的知识产品，为教学改革提供支持。

第 5 章 都市农业职业教育
专题文献知识建模

如前所述,知识建模包括了知识识别、知识模型的创建以及知识模型验证等环节。而本体方法创建知识模型的过程,包括了知识组织和知识表达。因此本体法知识建模可以用本体七步法的构建本体知识概念来实现。本研究主要探讨知识模型的开发问题,即专题文献知识如何实现结构化组织以及知识表达,从而为知识服务做好准备。

5.1 专题文献知识

本文中的"专题文献知识"特指"都市农业职业教育"专题文献的内容所包含的知识和概念体系。

"都市农业职业教育"专题文献知识模型主要是建立经过抽象化、逻辑化和体系化处理的"都市农业职业教育"专题文献的概念和知识体系,并能够在此基础上对收集到的专题文献和知识进行规范化表达,积累形成专题文献知识库,从而便于"都市农业职业教育"相关研究和文献知识的传播、利用与共享,发挥专题文献知识对于"都市农业职业教育"的研究、发展的促进作用。

根据前期的研究基础,以及目前的实际需要和研究精力、时间等情况,专题文献知识样本文献以前期研究总结出的数字化期刊论文等全文数据为主,今后可进一步拓展到同类院校以及研究机构、相关学者和专家、政府机构、示范性农村区域以及各大综合图书馆、文献收藏单位、专业图书馆、网上 OA 资源和免费资源等公开以及灰色文献。

从已有的文献出发,可以看出专题的主要内容、知识围绕的文献主题所包含的都市农业职业学校教育和继续教育培训的热点问题,涉及教育教学改革重点与难点、学校发展、师资建设、学生管理、适应都市农业发展的学科建设及课程设置、适应新农村建设和乡村振兴的农民以及都市农业行业人员培训等该领域的问题、措施、做法、趋势、动向的分析和研究内容。因此,专题文献知识开发应当围绕如何服务前述三类知识服务用户的需要，利用好本体优势，实现内容的细粒度表示，实现知识服务的目标和专题文献的知识价值。

5.2 专题文献知识本体模型构建

"都市农业职业教育"专题文献知识模型的构建主要是通过对文献知识资源的重新组织，开发现有相关文献知识价值，从而实现对都市农业职业教育相关研究和实践工作的启发、推动。专题文献知识模型采用本体方法构建出主体框架，因此模型的构建步骤也参照本体的构建步骤，即首先确定范围，其次复用已有本体和元数据，确定核心概念集，然后建立层次化概念结构，并从数据源抽取特征项，进而定义概念、属性、方法及关系集，最后完善模型，进行实例化，输出 OWL 文档。本模型侧重于"都市农业职业教育"专题文献的特定知识领域，属于领域本体。由于"都市农业"所包含的具体学科仍在发展变化中，且"都市农业"与"职业教育"并无完整、系统、密切反映现实、可用来复用的本体，而要完成完整本体的建设工作量非常大，也非本研究所能囊括。所以，本研究最终完成的"都市农业职业教育"专题知识模型只是一个基础和初步的探索性工作，只能搭建出该领域知识概念模型的主体框架，细支的补充和调整还需后期进一步完善。

本体构建方法中，"七步法"是较为成熟且应用广泛的一种方法，本模型便使用此方法进行模型的搭建，即采取自顶向下与自底向上相结合的方法，完成相应模型数据来源和范围的确定、模型概念数据的复用与抽取、模型概念数据的处理、模型节点类型和结构的确定、模型节点关系的确定、模型节点属性的确定以及最终完成模型并进行创建实例的示范工作。

图 5-1 反映了知识模型构建与本体七步法的对应关系。知识模型构建将按照"七步法"对应的知识概念模型构建流程分步实施。

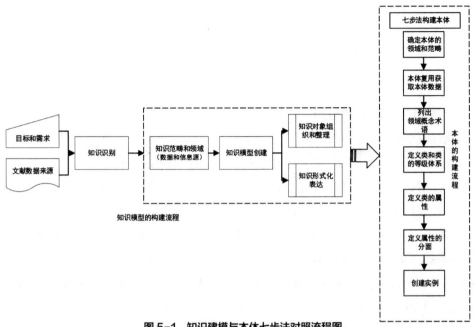

图 5-1　知识建模与本体七步法对照流程图

5.2.1 确定本体领域和范畴

本研究的目的之一是建立"都市农业职业教育"专题文献的知识概念模型。专题文献知识主要涉及"都市农业"相关的职业教育及培训的文献知识。因此可以确定模型数据是以专题文献为核心的，与"文献""都市农业""职业教育"相关的本体、受控词表、前人研究等概念和相关政策以及作为研究基础的前期相关课题研究所得到的"都市农业职业教育"相关的专题文献（以期刊文献为主）作为主要数据样本来源，包含了专题文献的外部特征（责任者及其机构、出版项等信息）和内容特征（主题、典型事件等信息）。

如"3.2.1 都市农业职业教育概念解析"一节中对"都市农业"及"职业教育"含义的阐释，总结概念范围如下。

1. "都市农业"主要概念范围

包含籽种农业、休闲农业、循环农业、会展农业、设施农业、节水农业六个主要概念。都市农业不同于农业概念，是一个交叉型、经营性现代农业的概念，不能简单使用农业概念。

2."职业教育"主要概念范围

包含了从学历教育到继续教育各种层次职业教育，比如高等职业教育、中等职业教育、初等职业教育及相应的各类职业教育学校（技工学校、职业高中、中等专业学校、农业中学、高等职业技术学校），以及职业培训的各类概念。

5.2.2 模型概念数据的复用

通过对现有的相关可复用受控词表及本体库进行考察，结合上述总结的"都市农业职业教育"概念，我们选出适用的主题词及本体词表进行复用。

受控词表复用主要参考已有的主题词表等分类体系，如《中国分类主题词表（第3版）》《中国图书馆分类法（第5版）》等对"职业教育"概念的划分。

本体词表复用主要参考已有的本体词表网站，以开放知识基金会（Open Knowledge Foundation，OKF）维护的关联开放词表（Linked Open Vocabularies，LOV）为依据，从中选择与职业教育、文献、都市农业有关领域相关的本体词汇表及术语。到目前为止，LOV已收录了773个词汇表，包括DCTERMS、DCE、FOAF、VANN、SKOS等。经过遴选，选取了与文献、教育领域方面相关度比较高的本体 / 词汇表范围，包含了FOAF、NPG、SEM、BIBFRAME等11个词表（见表5-1），本有研究可复用的本体词表将从中选择。

表 5-1　可复用的本体词表范围

序号	词表	描述	命名空间 URI/Name Space	可复用范围
1	FOAF	"朋友的朋友"（Friend of A Friend，FOAF）项目中对社交用户的相关概念进行定义，描述个人基本信息和其他相关社交信息	http：//xmlns.com/foaf/0.l/	人物、机构等概念
2	NPG	核心本体是一个正式模型，为麦克米伦科学与教育（Macmillan Science and Education）的内容出版关键概念提供定义	http：//ns.nature.com/terms/	事件、内容、出版等概念

续表

序号	词表	描述	命名空间 URI/Name Space	可复用范围
3	SEM	简单事件模型 SEM（Simple Event Model）的语义框架广泛用于事件建模的基础架构，其中包含通用的事件如何表示，从事件的主题、事件时间、事件地点等要素进行语义化描述，因而拥有较好的泛化能力	http://semanticweb.cs.vu.nl/2009/11/sem/	主题、事件、时间、地点等概念
4	BIBFRAME（BF）	"书目框架计划（The Bibliographic Framework Initiative）"是由美国国会图书馆发布的，用于取代 MARC 的一种书目数据格式。书目框架应用了关联数据技术，能够支持图书馆及类似机构对各类馆藏资源进行描述和编码	http://id.loc.gov/ontologies/bibframe/	文献作品等概念
5	Dbo（Dbpedia-owl）	主要来自维基百科的语义提取	https://dbpedia.org/ontology/	图书、期刊等文献概念
6	DCTerms	由 Dublin Core metadata Initiative 维护的所有元数据术语的最新规范，包括属性、词汇编码方案、语法编码方案和类	http://purl.org/dc/terms/	文献
7	VIVO	学术和研究领域的本体，在 VIVO 项目的框架下开发	http://vivoweb.org/ontology/core	人物、文献等学术相关概念
8	Schema	搜索引擎标记来改善搜索结果，使人们更容易找到正确的网页	http://schema.org/	文献、人物等
9	Bibo	书目本体规范（Bibliographic Ontology Specification）为描述语义网中的引文和书目参考（如引文、书籍、文章等）提供了主要的概念和属性	http://purl.org/ontology/bibo/	文献
10	Opus	以 RDF Schema 格式限定的 SwetoDblp 的类和属性，基于内部 LSDIS Library 门户引擎	http://lsdis.cs.uga.edu/Projects/SemDis/opus#	文献
11	Dk	对数据资产和企业数据管理的描述。它涵盖了业务数据字典、数据质量管理、数据治理、技术基础架构和企业数据管理的许多其他方面	http://www.data-knowledge.org/dk/	人物

5.2.3 模型概念数据抽取和处理

图 5-2 为概念数据抽取和处理流程图，本研究中专题文献本体主要类的获得以及本体概念中有关文献内容的主题特征（文献主题、事件主题）等层次结构（子类）需要从前期研究的样本文献数据、已有词表、元数据、前人研究以及相关文件中进行抽取，选取适合"都市农业职业教育"专题文献特点和内涵、满足目标用户使用需要的部分，用作本体概念。

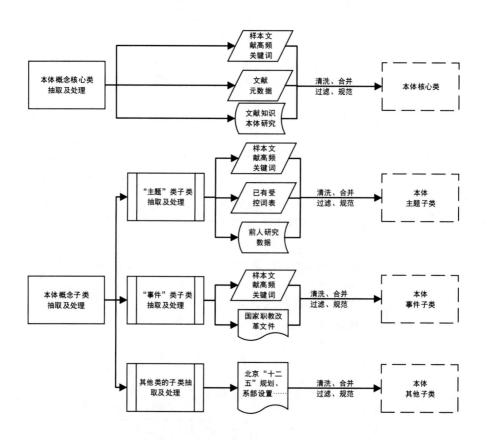

图 5-2　模型概念核心类及子类数据抽取和处理流程

模型概念数据抽取后的处理要按照本体的 5 项标准，即清晰性、一致性、可扩展性、最小编码相关性、最小本体承诺，以保证本体模型的明确性、客观性、一致性，确保概念类的上下继承一致性、兄弟类的不交叉性、新类对已有类无较大影响等。此外，选择数据必须要忠实于概念的特定含义，不能随意扭曲、蔓延其含义，才能保证选出的概念能准确表达出主题内涵。另外，选择的概念还要有实际应用案例，具有现实价值。数据经过清洗、合并、过滤、规范等处理流程得到最终的概念体系词汇。

5.2.3.1 模型本体概念核心类抽取和处理

专题文献的本体概念核心类获得主要来自以下两个方面：前期研究的样本文献数据（包括文献研究关键词分析结果）、有关文献知识本体的研究划分情况，并参照文献的有关元数据、受控词表，结合用户的使用需求最终确定核心类。

1. 样本文献数据分析

样本文献主要包括"都市农业"及"职业教育"交集的文献，也就是符合"都市农业职业教育"主题的文献。这类文献与"都市农业"的各类型、各都市圈农业以及与"职业教育"具体内容都有密切关联，不仅具备一般文献的外在和内在特点，更重要的在于其反映的专题领域主题内容，可以作为"都市农业职业教育"基于本体的知识模型概念及体系的重要数据来源样本之一。

作为前期的相关研究成果之一，检索结果文献共使用了 1931 个关键词，经去重后有 976 个不同的关键词。其中词频为 1 次的共有 737 个关键词。词频大于 5 次的共有 50 个关键词（见表 5-2）。词频少于 5 次（含）的关键词数量很多却非常分散。因此，通过处理和分析这些较高频关键词，可以给"都市农业职业教育"基于本体的文献知识模型提供本体类划分以及事件主题、文献主题层次分类的重要借鉴。

表5-2 "都市农业职业教育"专题文献高频关键词（>5次）

序号	关键词	词频	序号	关键词	词频
1	人才培养	71	26	现代农业	11
2	高职院校	38	27	实训基地	10
3	都市农业	37	28	课程改革	8
4	人才培养模式	32	29	建设	8
5	高职	28	30	园艺专业	8
6	教学改革	25	31	农民	8
7	农业	24	32	农业院校	8
8	都市型农业	23	33	北京市	8
9	实践教学	20	34	探索	7
10	培养模式	17	35	继续教育	7
11	都市型现代农业	17	36	高等农林职业教育	7
12	实践	17	37	顶岗实习	7
13	职业教育	16	38	劳动者	7
14	高等职业教育	16	39	观光农业	7
15	设施农业科学与工程	16	40	创新创业	7
16	创新	16	41	创新人才	7
17	农业职业教育	15	42	专业建设	7
18	休闲农业	15	43	新型职业农民	6
19	北京农业职业学院	14	44	高等农业教育	6
20	课程体系	12	45	实践教学体系	6
21	校企合作	12	46	沿海都市型现代农业	6
22	设施农业	12	47	构建	6
23	新农村建设	11	48	园艺技术专业	6
24	高职教育	11	49	苏州农业职业技术学院	6
25	现代学徒制	11	50	对策	6

    我们对较高频次关键词按词义进一步处理，并对本体概念类进行分类。分类处理的原则主要有以下几点：①对具有相同或相近含义本体概念的词归为同类的相关词；②不选通用、泛指，无具体特定意义的词汇，如探索、建设之类。经过分类处理后得到的本体概念分类有农业类型、职业教育主题、热点事件、机构、学科类型、地点，具体见表5-3。

表 5-3　"都市农业职业教育"专题文献高频关键词的本体概念分类

本体概念	相关关键词
农业类型	都市农业、设施农业科学与工程、休闲农业、设施农业、观光农业、沿海都市型现代农业、农业、都市型农业、都市型现代农业、现代农业
职业教育主题	高职院校、高职、实践教学、培养模式、实践、职业教育、高等职业教育、农业职业教育、课程体系、高职教育、农业院校、继续教育、高等农林职业教育、专业建设、高等农业教育、实践教学体系、教学改革、课程改革
热点事件	人才培养、人才培养模式、新农村建设、校企合作、现代学徒制、实训基地、农民、顶岗实习、劳动者、创新创业、创新人才、新型职业农民、创新
机构	北京农业职业学院、苏州农业职业技术学院
学科类型	园艺专业、园艺技术专业
地点	北京市

2. 相关文献知识本体研究的核心类定义

针对与文献知识相关的本体研究情况，我们通过查找现有文献（以期刊、论文及学位论文为主），了解其本体核心类的划分情况，有助于为本研究专题文献知识的本体核心类概念划分提供借鉴。表 5-4 为查找的现有 8 篇（部）文献所获得的本体核心类划分情况。

表 5-4　已有文献中提及的本体核心类

序号	数据对象名称（篇名）	核心类						
		人物	事件	时间	地点	文献	机构	其他
1	基于本体的"江海文化"文献知识组织体系构建研究	√	√	√	√	√	√	建筑、风俗、方言、非物质文化遗产
2	基于本体的"土司文化"文献知识组织体系构建研究	√	√	√	√	√	√	制度、民族、传承
3	计算机文献领域的本体构建及语义检索模型研究与实现	√				√	√	计算机

序号	数据对象名称（篇名）	核心类						
		人物	事件	时间	地点	文献	机构	其他
4	面向领域本体的知识建模问题研究	√				√		期刊、学科
5	基于本体的民国文学专题数据库知识组织研究	√	√		√	√	√	期刊
6	基于本体的档案馆藏资源语义知识库构建研究			√	√		√	主题、时期、档案资源格式、档案文种
7	基于本体的引文知识服务原型系统设计与实现	√				√	√	期刊、基金、引文
8	农业高校"都市农业文化"立体资源库建设研究	√		√	√	√	√	环境、项目、风俗、食物

由此可以看出，在文献知识的本体核心概念划分中，人物、文献、机构类型基本都具备，是必需类型，也符合文献知识的特征和内涵。地点、时间、事件三类虽出现频率稍低，但对于文献知识模型来说，也是重要的类型特征。

3. "文献"已有的元数据项

根据文献题录数据中表达"文献"特征的元数据项（如题名与责任者项、出版项、载体项等），总结主要有文献类型（如图书、期刊论文、学位论文、会议论文、网络文献）、文献作者（责任者）、机构（文献出版者）、文献出版时间、文献出版地点几类与"文献"相关的本体概念。

综合上述三点分析，对于文献知识主体而言，文献主题由于有内容知识的特征，应当作为一个重要的本体特征加以考虑，对以都市农业为特点的"职业教育"主题的分解进行文献知识内容的组织，为文献知识库的利用和知识价值的产生提供了可能和前提。此外，对于"都市农业职业教育"而言，其中包含的热点、典型事件类也是作为专题文献知识内容的一个重要特征，职业教育和培训所教授的都市农业课程的学科类型以及文献内容所反映出的农业类型也应加以考虑。

此外，对于"人物"这个本体类概念而言，从浏览样本文献内容可以看出，基本没有对具体人物的描写。这是由于"都市农业职业教育"专题文献的收集范围为学术文献，其内容所反映的基本都是对于该领域的问题、措施、做法、趋势、动向等的分析和研究。因此，作为本体的人物概念在本研究中只限制为文献作者，其他类型并不涉及，类名称也以"作者"代替。

于"机构"本体类概念而言，对专题文献知识范围内的文献出版机构、文献作者机构、事件参与者机构等可能的机构进行划分，其机构类型已可用相应的文献、作者、事件及其与机构的关系来限定清楚，因此就不做进一步的具体分类。

综上，由于专题文献的本体概念都是围绕"文献"及其知识的主体而言的，包含了"都市农业"及"职业教育"为主题的各类文献，涵盖"文献"这一主体的外部特征及知识内容特征。根据上述分析我们最终总结得到专题文献知识模型一级本体概念（包括核心类和常用类），并对本体概念类名进行规范和清晰化，如图5-3所示。

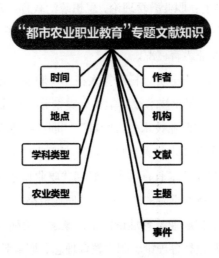

图 5-3　"都市农业职业教育"专题文献知识本体模型核心类

5.2.3.2 模型本体概念子类抽取和处理

下面分别详述模型本体核心类中"主题"类（文献主题）和"事件"类（事件按主题划分）"农业类型""学科类型"以及"时间"类、"地点"类本体概念子类数据的抽取和处理过程。

1. "主题"类子概念数据的抽取和处理

如前所述，本研究核心概念为与"都市农业"相关的"职业教育"专题文献，"职业教育"是专题文献的主题核心概念，因此，专题文献的主题概念也应为"职业教育"的主题概念。主题概念主要根据现有受控词表、前人研究等资源，并结合目前"都市农业职业教育"现状和需要进行遴选，适当参考前期研究所得的样本文献关键词进行微调，得到适合本专题文献的主题类，作为本体主题类概念。

本研究通过对有关"职业教育"的主题词进行抽取、清洗和规范，形成"职业教育"主题概念词表，用于主题分类和文献实例的主题属性标引。

（1）主题类（职业教育）概念词汇的抽取

参考《中国分类主题词表（第3版）》《中国图书馆分类法（第5版）》等受控词表得出以下分类。

有关"职业教育"的主类：归到G71职业技术教育子类，同义词有"职业技术教育"。其下主要子类有：职业教育理论，思想政治教育、德育，教学理论、教学法，教材、课本、学生参考书，教师与学生，学校管理，各类型职业学校（职业技术学校）、职业培训，世界各国职业教育概况。

参考前人研究得出以下分类。杨静等人在《〈职业技术教育分类主题词表〉构建研究》中总结提出了对职业技术教育学科分类划分："职业技术教育基本理论""职业技术教育政策法规""职业技术教育管理""职业技术教育教学改革""职业技术教育课程建设""职业技术教育教材建设""职业技术教育教学评估""职业技术教育师资队伍""职业技术教育学生的研究"职业技术学校的建设""职业技术教育实践教学""职业技术学院的产学研""职业资格"等17个大类。

周明星在《中国现代职业教育理论体系：概念、范畴与逻辑》一书中，将职业教育主要概念归集为职业教育理论、职业教育理念、职业教育机构、职业教育层次、职业教育对象、职业教育培养目标、职业教育办学模式、职业教育课程、职业教育教学、职业指导、职业教育制度、职业教育法制、职业教育教师、职业教育投入和职业教育评价15个领域。

（2）主题类（职业教育）概念词汇的处理

①G71类名"职业技术教育"在使用时改为"职业教育"（包含G71下子类），

因已成为实际使用惯例，且"职业技术教育"字面含义单纯强调技术有所片面。

②概念模型各级分类名一般直接用《中国分类主题词表（第 3 版）》的类名。

③高等、中等、初等职业教育划作"职业学历教育"与"职业培训"一起并入"职业教育层次"中。G718 各类型职业学校归入"职业学历教育"下相应层次。

④G718.6 培训班、G726.82 职工培训班概念并入"职业教育层次"下 C975 职业培训。

最终形成的主题类概念层次结构见图 5-4。

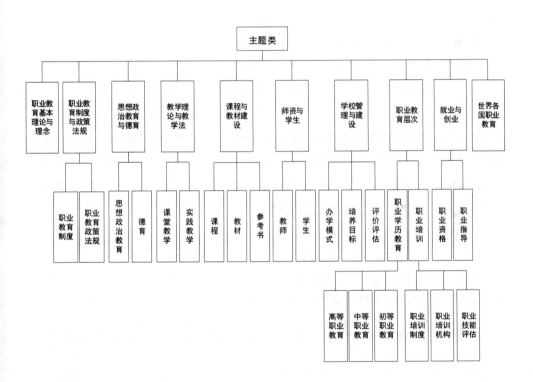

图 5-4　"都市农业职业教育"专题文献知识主题类概念层次结构图

2."事件"类子概念数据的抽取和处理

"事件"类，作为专题文献知识内容的一个重要类，按事件的内容主题进行划分。

"事件"类主题分类概念也应当进行抽取、清洗和规范，形成词表，并形成事件按主题的划分，便于分类查找及利用。由于事件类的发生主要与职业教育改革动向有关，而这种动向与趋势又与国家职业教育改革政策密切相关，因此专题文献"事件主题"概念主要是参照国家职业教育改革相关文件的要点，提炼有关职业教育改革和发展的重点，符合中观和微观执行层面，且具有职业教育鲜明特色的主要词汇。此外，也要参考数据来源样本文献中的高频词（表5-2），因为高频词的出现表明了文献研究中实际呈现的活跃方面，这与专题文献中热点事件是密切相关的，应当结合高频词纳入"事件"主题概念的综合考量。

（1）国家职业教育改革文件中重要术语的抽取和处理

经过对国务院、教育部文件《国家职业教育改革实施方案》《关于推动现代职业教育高质量发展的意见》《职业教育提质培优行动计划（2020—2023年）》中提及的重点、典型，且具有职业教育鲜明特色的词汇进行搜集、汇总，我们得到专题文献事件类热点词汇表，见表5-5，可代表当前及今后职业教育重点发展的趋势和方向，具有这类词汇主题的事件可视为职业教育的热点事件。

表5-5 "都市农业职业教育"专题文献事件类热点词汇表

双高计划	中高职贯通	普职融通	学分银行	工学结合	育训结合
顶岗实习	实习实训基地	现代学徒制	示范性职业教育集团（联盟）	学徒制	校企合作
1+X证书制度	"双师型"教师	书证融通	职业技能等级证书	"岗课赛证"综合育人机制	职业教育质量评价体系
职业教育培训评价组织	多元办学	中外合作办学	"鲁班工坊"	乡村振兴人才	新型职业农民
"三全育人"	思想政治理论课	大师工作室	课程思政	人才贯通培养	—

热点词汇的处理主要按照有关文件中职业教育改革和发展的要点进行分类，如体现职教特色方面、校企合作和产教融合方面、教育教学改革方面、中外合作办学方面、乡村振兴方面以及三全育人方面等；并进一步对特征词进行处理，从有利于

体现特色和含义的角度出发归并遴选，对相近的概念进行合并和提炼。

（2）参考数据来源样本文献中的高频词

从来源样本文献中的高频关键词中补充选取有代表性的事件热点词汇作为"事件"类主题划分的依据。诸如"人才培养""新农村建设""实训基地""创新创业"等。

最终形成的事件类层次结构，见图 5-5。

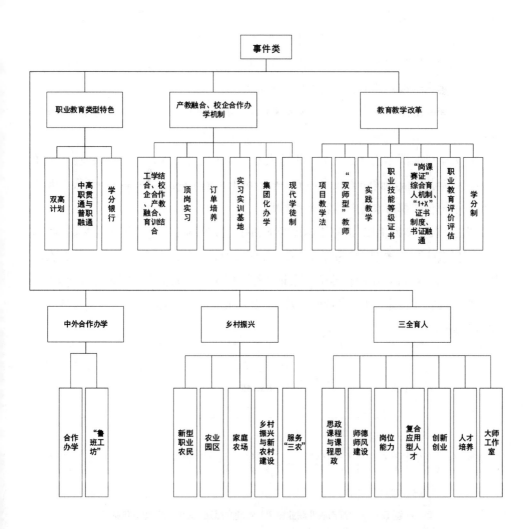

图 5-5　"都市农业职业教育"专题文献知识事件类概念层次结构图

3."农业类型"的子概念数据收集和处理

①对有关"都市农业"《中国分类主题词表(第3版)》《中国图书馆分类法(第5版)》概念数据的处理。

因"都市农业"在国内自21世纪开始兴起,正处于发展演变的过程中,并具有学科交叉性以及显著的市场性、经济性特点,现有的工具书中对此并无系统明确的分类总结。仅有的如"设施农业"可见在农业类S62下有分类,但都是局限于农业技术学科特性来分类,不完全符合"设施农业"及"都市农业"的综合性、经营性、跨学科性的特点。另外,从本研究特点来说,基于问题导向,从"都市农业职业教育"面临的发展问题角度出发,试图为用户提供这方面的问题解决路径及知识参考,因此也不宜完全按具体的农业技术体系来分类。

②不宜用相关学科的课本知识体系来代替"都市农业"所包含的具体类型的概念体系。

相关学科的课本内容,比如"设施农业"相关的课程往往只能反映设施农业的具体设施园艺、设施建筑等技术环节,但是对于其他生产经营管理的问题很少涉及,这样并不符合"都市农业"的特点和要求。

综上,农业类型仍按《北京市国民经济和社会发展第十二个五年规划纲要》对"都市型现代农业"的定义归纳为籽种农业、休闲农业、循环农业、会展农业、设施农业、节水农业六种都市农业特有类型,除此之外,传统农业如畜牧、园艺等农业类型服务于都市的农业也是"都市农业职业教育"重要组成部分,因此也作为一类包括其中。如图5-6所示。

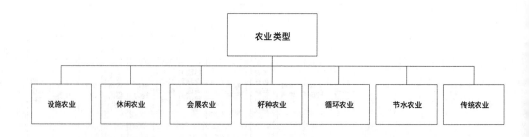

图5-6 "都市农业职业教育"专题文献知识农业类型概念结构图

4. "学科类型" 子概念数据的收集和处理

都市农业专业和课程是专题文献内容的一个重要方面，应当考虑将都市农业学科作为专题文献的一个重要类别。由于都市农业的学科交叉性和处于快速发展期等原因，学科变动较大且频繁，不宜按照教学课程过于细分。因此，学科类型主要参照都市农业职业教育院校现有的相关系部设置进行大学科划分。主要有机电类、水利与建筑工程类、现代服务管理类、食品与生物工程类、园林园艺类、畜牧兽医类、信息技术类、财经类。如图 5-7 所示。

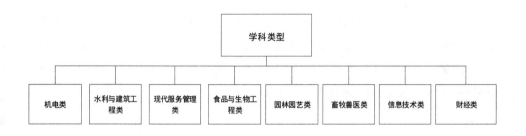

图 5-7　"都市农业职业教育" 专题文献知识学科类型概念结构图

5. "时间" 类子概念数据的处理

"时间" 概念只起到记录时间的作用。通过对专题文献知识主要本体类中的时间概念进行分解，我们可以找到符合使用目的的主要有文献出版时间、事件发生时间以及作者出生时间几种，分别用"出版时间""发生时间""出生时间"类名表示。

6. "地点" 类子概念数据的处理

"地点" 概念同样只起到记录地理位置的作用。经过对专题文献知识主要本体类中的地点概念进行分解，我们可以找到符合使用目的的主要有文献出版地点、事件发生地点两种，分别用"出版地点""发生地点"类名表示。

5.2.4 定义模型概念的本体类及结构体系

按照上述有关模型概念数据的抽取和处理，得到有关专题文献知识主题类、事件类、都市农业类型、都市农业学科类型概念的层次结构。根据上文 5.2.3 节分析结果及前人相关的本体研究情况,围绕"都市农业职业教育"专题文献知识相关的要素,考虑规范化、一致性、体系化等标准要求,经过提炼总结,我们得到9类"都市农业职业教育"专题文献领域本体核心类:作者、机构、文献、主题、事件、农业类型、学科类型、地点、时间。

本研究形成的自定义本体类用 uave 作为前缀,uave 为本研究形成的"都市农业职业教育"专题文献知识本体名称缩写,本体命名空间为 http: //www.semanticweb.org/sunhill/ontologies/uave。

1. 作者类

作者概念指文献著录格式中的文献责任者。作者的数据属性一般有作者姓名、性别、出生时间、电子邮箱、研究领域等数据项。关联关系上,作者与文献之间是创作关系,与机构是成员关系,作者之间是合作关系。复用 dcterms:Creator(http: //purl.org/dc/terms/creator)本体类,见表5-6。

2. 机构类

机构类指从事活动的团体,在本研究内涵上包含了作者所在机构、文献出版机构及事件相关机构。关联关系上,机构与作者之间是成员关系,与文献之间是出版关系,与事件之间是相关关系。复用 foaf:Organization(http: //xmlns.com/foaf/0.1/Organization)本体类,见表5-6。

表5-6 专题文献知识模型的作者类及机构类

类名称	解释	父类	Qname
作者	描述专题文献作者属性特点	Thing	dcterms:Creator
机构	描述机构的属性特点	Thing	foaf:Organization

3. 文献类

文献作品主要包含期刊论文、学位论文、会议论文、图书以及网络文献等子类。文献的数据属性主要包括文献名称(题名)、文献分类号、关键词、摘要、语种、基金等。根据文献子类型的不同,也有相应的不同属性项。比如,期刊文献有发表刊物的信息，学位论文有学位相关信息，会议文献有会议相关信息，图书也有出版信息等。文献的关联关系上，与针对文献内容的主题类、学科类型、农业类型有主题类型关系。此外，文献与人物之间是创作关系，与机构之间是出版关系，与事件之间是包含关系，与时间、地点之间是时间、地点关系，见表 5-7。

表 5-7 专题文献知识模型的文献类及子类

类名称	解释	父类	Qname
文献	描述专题文献类型特点和属性	Thing	uave：Literature
图书	描述专题文献的图书类型特点和属性	文献	dbo：Book
期刊论文	描述专题文献的期刊论文类型特点和属性	文献	dbo：PeriodicalLiterature
学位论文	描述专题文献的学位论文类型特点和属性	文献	bf：Dissertation
会议论文	描述专题文献的会议论文类型特点和属性	文献	vivo：ConferencePaper
网络文献	描述专题文献的网络文献类型特点和属性	文献	uave：NetworkDocument

4. 事件类

事件类复用 sem 简单事件模型中的 Event 类（sem：Event，http：//semanticweb. cs.vu.nl/2009/11/sem /Event）。事件的数据属性主要有事件描述信息、事件名称。事件按前述热点事件主题划分子类。事件与机构之间是相关关系，与文献之间是包含关系，与时间之间是时间关系。

5. 主题类

主题类复用 npg 中的 Subject 类（npg：Subject，http：//ns.nature.com/terms/ Subject）。按前述总结形成的"主题"类概念数据层次结构形成该类。该类的对象属性主要是与文献类之间的主题类型关系。

6. 农业类型

按前述"农业类型"概念数据层次结构形成该类（uave：UA_Type）。该类用于描述专题文献内容的农业类型。该类的对象属性主要是与文献类之间的农业类型关系。

7. 学科类型

按前述的"学科类型"概念数据层次结构形成该类（uave：UA_DisciplineType）。该类用于描述专题文献内容的学科类型。该类的对象属性主要是与文献类之间的学科类型关系。

8. 地点

地点类主要包括事件发生地点。地点类复用sem简单事件模型中的Place类（sem：Place，http：//semanticweb.cs.vu.nl/2009/11/sem /Place），具体见表5-8。

表5-8　专题文献知识模型的地点类及子类

类名称	解释	父类	Qname
地点	描述地点	Thing	sem：Place
发生地点	描述事件发生地点	地点	uave：EventPlace
出版地点	描述出版物出版地点	地点	uave：PubPlace

9. 时间

时间类包含事件发生时间、文献出版时间、作者出生时间。时间类复用sem简单事件模型中的Time类（sem：Time，http：//semanticweb.cs.vu.nl/2009/11/sem /Time），具体见表5-9。

表5-9　专题文献知识模型的时间类及子类

类名称	解释	父类	Qname
时间	描述时间	Thing	sem：Time
发生时间	描述事件发生时间	时间	uave：EventTime
出版时间	描述文献出版时间	时间	uave：PubTime
出生时间	描述作者出生时间	时间	uave：BirthTime

最后形成模型本体概念的层次结构，如图5-8所示。

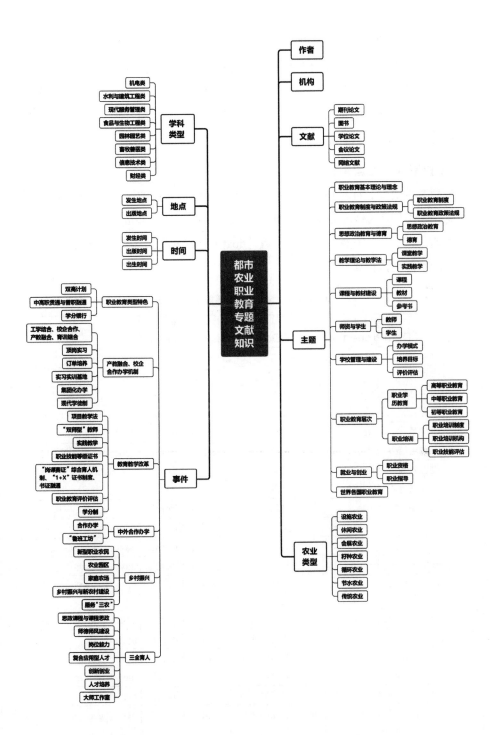

图 5-8 "都市农业职业教育"专题文献知识模型本体概念层次结构图

5.2.5 定义模型概念类的属性

模型概念类的属性，即模型的节点数据属性及其关系。在本体模型中，概念类的属性包括数据属性（DataProperty）和对象属性（ObjectProperty）两种。数据属性描述的是概念类所固有的数据特征，且具有继承性。对象属性表示了各同级及不同级类或属性之间的语义关系。

5.2.5.1 模型节点数据属性

模型节点属性，即本体模型类的数据属性。数据属性的域 Domains 即本体类，值域定义了类（即域 Domains）的数据类型，通常有字符串（string）、时间（datetime）、布尔逻辑（bool）、整数（int）、小数（float）等格式定义。表 5-10 按类分别对模型节点的本体类数据属性进行定义。

表 5-10　模型本体类数据属性集

类名	数据属性名 （DataProperties）	域 （Domains）	值域 （Ranges）	Qname
作者	姓名 name	作者	rdfs：Literal	foaf：Name
	性别 gender	作者	rdfs：Literal	foaf：Gender
	电子邮箱 mailbox	作者	rdfs：Literal	foaf：Mbox_ sha1sum
	研究领域 research areas	作者	rdfs：Literal	uave：Research_areas
机构	机构名称 OrgName	机构	rdfs：Literal	uave：Orgname
文献	正题名 title	文献	rdfs：Literal	dcterms：Title
	副题名 subtitle	文献	rdfs：Literal	bf：Subtitle
	中图法分类号 CLCN	文献	rdfs：Literal	uave：CLCN
	关键词 keywords	文献	rdfs：Literal	schema：Keywords
	摘要 abstract	文献	rdfs：Literal	bibo：Abstract
	语种 language	文献	rdfs：Literal	uave：Language
	基金 funds	文献	rdfs：Literal	uave：Funds
	页码 Pages	期刊论文、会议论文	rdfs：Literal	npg：Pages
	刊名 journal_name	期刊论文	rdfs：Literal	opus：Journal_name
	刊期 issue	期刊论文	rdfs：Literal	npg：Issue
	卷 volume	期刊论文	rdfs：Literal	npg：Volume
	导师 tutor	学位论文	rdfs：Literal	uave：Tutor
	学位级别 degree	学位论文	rdfs：Literal	bf：Degree
	学位授予机构 degree issuing institution	学位论文	rdfs：Literal	bf：Degree issuing institution
	会议名称 conference_name	会议论文	rdfs：Literal	uave：Conference_name

类名	数据属性名 （DataProperties）	域 （Domains）	值域 （Ranges）	Qname
事件	事件名称 eventName	事件	rdfs：Literal	uave：EventName
	事件描述 event description	事件	xsd：string	dbpedia-owl： EventDescription

5.2.5.2 模型节点对象属性

一般对象属性可分为两类，即同位关系和等级关系。常见的同位关系又可细分为同义、相关（交叉、并列、互斥）、顺序等。在本模型中基于文献的关系建立了创作（created）、出版（publish）的同位关系。等级关系包括蕴含、部分与整体、继承、属性、实例等关系。has member（member of）、has Event（has Publication）表示一种概念包含、整体部分关系。has Place、has Time 等分别表示时间关系、地点关系。

实际上，Protégé 软件中本体的类（Classes）就隐含着上下层级之间的等级关系。此外，为了确定同一子类之间的唯一性，还要定义同一级别子类之间的互不相交性（Disjoint With），上下类对象属性的传递性（Transitive），以及具有互逆（inverse of）的对象属性。

表 5-11 列出了模型中的主要类关系。其中域（Domains）代表前者，对后者值域（Ranges）具有属性名所标识的关系。

表 5-11　模型本体类对象属性集

属性名	含义	域 （Domains）	值域 （Ranges）	Qname	互逆关系 （inverse of）
created	创作	作者	文献	dbo：created	uave：is CreatedBy
member of	成员	作者	机构	vivo：member of	vivo：has member
hasBirthTime	出生于	作者	出生时间	uave：hasBirthTime	—
cooperates with	合作	作者	作者	dk：cooperatesWith	—
publish	出版	机构	文献	uave：publish	npg：hasPublisher
relates	相关	机构	事件	vivo：relates	vivo：related by
hasSubject	主题	文献	主题	npg：hasSubject	uave：SubjectOf
hasUA_Type	都市农业类	文献	农业类型	uave：hasUA_Type	uave：UA_TypeOf
hasUAD_Type	都市农业学科类	文献	学科类型	uave：has UAD_Type	uave：UAD_TypeOf
hasPublication Time	出版时间	文献	出版时间	uave：hasPublication Time	—
published in	出版地点	文献	出版地点	vivo：published in	vivo：publication VenueFor
Has Publication	有出版物	事件	文献	npg：hasPublication	uave：hasEvent
hasPlace	有地点	事件	发生地点	sem：hasPlace	—
hasTime	有时间	事件	发生时间	sem：hasTime	—

5.2.6 专题文献知识模型生成

　　对上述抽取的模型本体概念类、类的层次结构以及定义的类的属性（包含关系类型属性和数据类型属性）进行整合，生成"都市农业职业教育"专题文献知识领域本体模型（限于版面，子类和对象属性的逆关系未一一加入），具体见图 5-9。

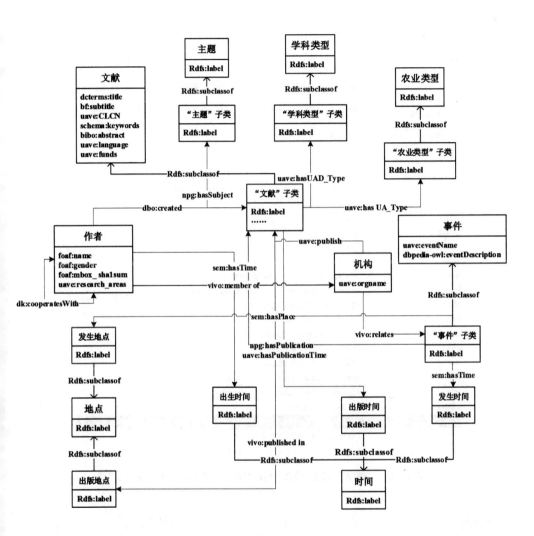

图 5-9　"都市农业职业教育"专题文献知识本体模型图

5.2.7 模型本体实现

1. 资源 URI 命名空间声明

URI 即"统一资源标识符"（Uniform Resource Identifier）。URI 是统一资源定位符 URL（Uniform Resource Locator）的子集。因复用已有本体，需要在本体命名空间中声明已用本体的 URI，前缀使用复用词表的缩写名称。本研究建立的本体命名前缀为 uave，具体见图 5-10。

Prefix	Value
	http://www.semanticweb.org/sunhill/ontologies/uave#
Bf	http://id.loc.gov/ontologies/bibframe/
Dbo	http://dbpedia.org/ontology/
Dcterms	http://purl.org/dc/terms/
Foaf	http://xmlns.com/foaf/0.1/
Npg	http://ns.nature.com/terms/
Sem	http://semanticweb.cs.vu.nl/2009/11/sem/
Uave	http://www.semanticweb.org/sunhill/ontologies/uave
VIVO	http://vivoweb.org/ontology/core
bibo	http://purl.org/ontology/bibo/
dk	http://www.data-knowledge.org/dk/
opus	http://lsdis.cs.uga.edu/projects/semdis/opus#
owl	http://www.w3.org/2002/07/owl#
rdf	http://www.w3.org/1999/02/22-rdf-syntax-ns#
rdfs	http://www.w3.org/2000/01/rdf-schema#
schema	http://schema.org/
uave	http://www.semanticweb.org/sunhill/ontologies/uave#
xml	http://www.w3.org/XML/1998/namespace
xsd	http://www.w3.org/2001/XMLSchema#

图 5-10 "都市农业职业教育"专题文献本体及复用本体命名空间声明

此外，复用的类及属性等元素均需使用 QName（Qualified Name）标注。QName 形式为"前缀：元素名称"。元素名称是概念类，使用其对应的英文单词来表示，且首字母大写。

经过上述模型概念节点层次结构、节点关系、节点属性等的确定，加入 Protégé 软件完成本体模型的建立。

2. 本体类添加

生成本体模型类层次结构如图 5-11 所示。

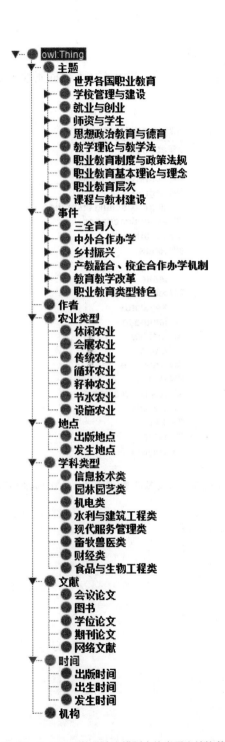

图 5-11　Protégé 软件建立模型本体类层次结构截图

3. 模型本体类数据属性添加

图 5-12 为使用 Protégé5.5 软件建立模型本体类数据属性的截图。

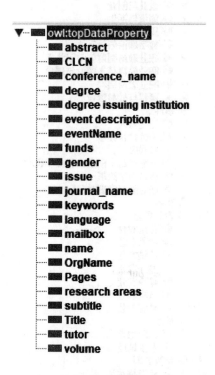

图 5-12　Protégé 软件建立模型本体类数据属性截图

4. 模型本体类对象属性添加

图 5-13 为使用 Protégé5.5 软件建立模型本体类对象属性的截图。

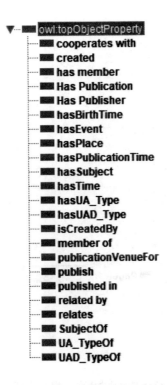

图 5-13　Protégé 软件建立模型本体类对象属性截图

5. 模型本体类及其关系可视化

图 5-14 为使用 Protégé5.5 软件生成的模型本体类（部分）结构及其关系图。

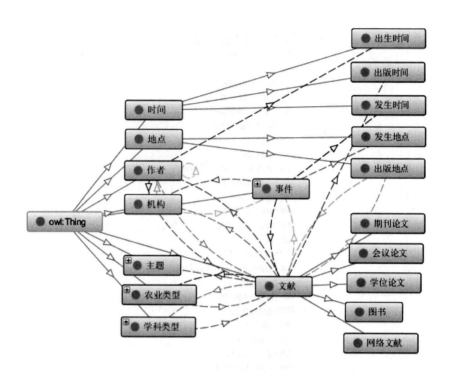

图 5-14 Protégé 软件建立模型本体类（部分）结构及其关系图

5.3 专题文献知识本体模型的实例填充

专题文献知识本体模型建立后，下一步需要按照本体模型定义和约束选择专题文献的样本文献数据作为本体实例，进行描述和标引并加入 Protégé，完成实例的创建。实例化具体实现了"都市农业职业教育"专题文献知识模型的形式化表达，通过引入实例的示范数据，为发挥出本体模型概念知识细粒度语义关联和知识组织优势，实现本体模型的知识服务应用创造条件。

5.3.1 专题文献知识实例来源

作为本书的研究基础,前期已经根据一定标准筛选和收集了一批具有较高质量、有一定代表性的"都市农业职业教育"专题文献,以期刊文献为主。因此,这些文献可以作为本研究专题文献本体模型实例化的样本数据来源,从中选择部分文献数据进行数据描述和标引。

表 5-12 是从具有较高单篇文献影响力期刊文献中选摘的两篇示例文献题录信息,包括关键词、摘要在内的题录字段。此外,作为数据来源还需要参考文献全文。

表 5-12　示例文献题录信息

ID	责任者	题名	刊名	发表时间/年	卷期页码	关键词	第一责任者机构	摘要	中图分类号
1	杨欣,赵庶吏,李英军,徐江	高职院校中外合作办学的人才培养模式创新——以北京农业职业学院为例	教育理论与实践	2014	34(03):16-18	高职院校;中外合作办学;人才培养模式	北京农业职业学院国际教育学院	北京农业职业学院以办学实践为基础,对中外合作办学的人才培养模式进行了创新,提出了"学生本位"的教育理念,创设了职业化、国际化的课程体系,加入了外方管理元素,并确立了"英语模块化、专业双语化"的教学模式,值得学习借鉴	G712
2	吕亚州,蒋晓	《都市农业装备应用技术》高职专业课程研究	中国农机化学报	2019	40(11):220-225	都市农业装备;应用技术;高职;课程研究	北京农业职业学院机电工程学院	北京市都市现代农业的发展理念是"创新、协调、绿色、开放、共享",突出农业生态、生活、生产、示范的四大首都功能定位,现代农业装备技术是实现北京农业功能定位的必须生产工具。因此,北京农业职业学院于 2009 年向北京市教委备案了目录外《都市农业装备应用技术》高职专业(国内首创),并于 2010 年开始面向北京市招生。为做好专业建设,调研北京都市农业装备技术发展及从业人员现状,分析得知从业人员普遍呈现出文化程度低、年龄偏大、综合素质较低的缺陷,已不能满足北京都市现代农业发展的需要。经过人才需求分析,确定专业面向的技术领域和岗位群,制定人才培养方案的课程设置等内容,为人才培养打好基础	S22-4;G712.3

5.3.2 专题文献知识实例的描述和标引

确定样本数据来源后，根据知识模型的本体类结构和属性定义来对应描述示例文献数据。具体见表 5-13。

表5-13　示例文献数据本体实例化对应表

序号	类及子类			属性	实例1	实例2
1	作者	—	—	姓名 Name 性别 Gender 电子邮箱 Mailbox 研究领域 Research areas	Name：杨欣 Gender：female Research areas：教学管理研究 合作者 Name：赵庶吏 Gender：female Research areas：教育管理研究	Name：吕亚州 Gender：male Mailbox：1585XXXX@qq.com Research areas：都市农业装备应用技术 合作者 Name：蒋晓 Gender：male
2	机构	—	—	（作者机构） 机 构 名 称 OrgName：	OrgName：北京农业职业学院国际教育学院	OrgName：北京农业职业学院机电工程学院
				（出版机构） 机 构 名 称 OrgName：	OrgName：山西省教育科学研究院	OrgName：农业农村部南京农业机械化研究所

续表

序号	类及子类			属性	实例 1	实例 2
3	文献	期刊论文	—	正题名 Title 副题名 Subtitle 中图法分类号 CLCN 关键词 Keywords 摘要 Abstract 语种 Language 基金 Funds 页码 Pages 刊名 Journal_name 刊期 Issue 卷 Volume	Title：高职院校中外合作办学的人才培养模式创新 Subtitle：以北京农业职业学院为例 CLCN：G712 Keywords：高职院校，中外合作办学，人才培养模式 Abstract：北京农业职业学院以办学实践为基础，对中外合作办学的人才培养模式进行了创新，提出了"学生本位"的教育理念，创设了职业化、国际化的课程体系，加入了外方管理元素，并确立了"英语模块化、专业双语化"的教学模式，值得学习借鉴。 Language：chinese Funds：中国职业技术教育学会2012-2013 年科研规划项目《高等职业院校国际合作办学模式的研究与实践》（项目编号：100722）；北京农业职业学院科研项目《高职院校中外合作办学教学模式实证研究》（项目编号：XY-SK-12-13） Pages：16~18 Journal_name：教育理论与实践 Issue：03 Volume：34	Title：《都市农业装备应用技术》高职专业课程研究 Subtitle CLCN：S22-4;G712.3 Keywords：都市农业装备，应用技术，高职，课程研究 Abstract：北京市都市现代农业的发展理念是"创新、协调、绿色、开放、共享"，突出农业生态、生活、生产、示范的四大首都功能定位，现代农业装备技术是实现北京农业功能定位的必须生产工具，因此，北京农业职业学院于 2009 年向北京市教委备案了目录外《都市农业装备应用技术》高职专业（国内首创），并于 2010 年开始面向北京市招生。为做好专业建设，调研了北京都市农业装备技术发展及从业人员现状，分析得知从业人员普遍呈现出文化程度低、年龄偏大、综合素质较低的缺陷，已不能满足北京都市现代农业发展的需要。经过人才需求分析，确定专业面向的技术领域和岗位群，制定人才培养方案的课程设置等内容，为人才培养打好基础。 Language：chinese Pages：220~225 Journal_name：中国农机化学报 Issue：11 Volume：40

序号	类及子类			属性	实例1	实例2
4	事件	事件一级子类	事件二级子类	事件名称 eventName 事件描述 eventDescription	事件子类： 合作办学 eventName：北京农业职业学院中外合作办学人才培养模式创新 eventDescription：北京农业职业学院自2006年开展中外合作办学项目起，七年来分别与加拿大和英国的两所学院合作，采用"2+1""3+2"的合作模式，开设了国际贸易、会计、市场营销、电子商务四个专业的中外合作专科学历教育。提出了"学生本位"的教育理念，创设了职业化、国际化的课程体系，加入了外方管理元素，并确立了"英语模块化、专业双语化"的教学模式，创新并实践了高等职业教育中外合作办学人才培养模式，培育出一批具有较强竞争力的国际化人才	事件子类： 职业教育评价评估 eventName：《都市农业装备应用技术》高职专业课程设置 eventDescription：根据北京市都市现代农业发展、都市农业装备从业人员现状及人才市场需求，设置《都市农业装备应用技术》专业课程42门，实践教学占总学时的57%，理论教学占43%，并编写了相关校本教材，开通了订单培养和升本渠道，取得了较好效果
5	主题	主题一级子类	主题二级子类	对象属性定义	办学模式	课程
6	都市农业类	都市农业类一级子类	—	对象属性定义	休闲农业	设施农业
7	都市农业学科类	都市农业学科类一级子类	—	对象属性定义	财经类	机电类
8	地点	发生地点	—	对象属性定义	北京	北京
		出版地点	—	对象属性定义	山西省太原市	江苏省南京市
9	时间	发生时间	—	对象属性定义	2006—2013	2009—2019
		出版时间	—	对象属性定义	2014-01-25	2019-11-15
		出生时间	—	对象属性定义	1981（作者） 1964（合作者）	1961（作者）

5.3.3 专题文献知识实例的生成

经过上述对示例专题文献数据的描述，我们便可以在 Protégé 软件中进行实例添加。图 5-15 展示了 ID 为 1 和 2 的两篇文献实例数据在 Protégé 添加后的截图。

图 5-15　示范文献本体模型数据引入 Protégé 软件实例截图

图 5-16 为 Protégé 软件添加实例后的类及数据关系可视化图，从中可以判断类和关系是否正常。

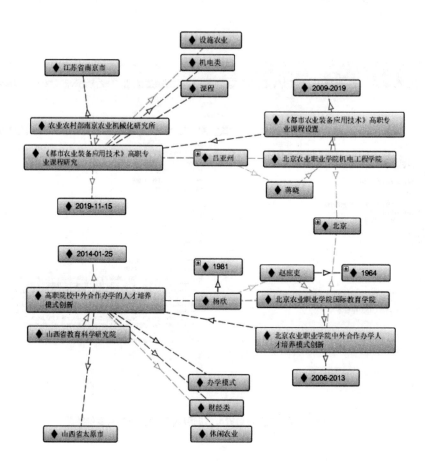

图 5-16　本体模型示例数据实例类及数据关系图

　　本体模型完成初步设计和构建后，通过建立实例完成本体的形式化表达。形式化处理，即按设计确定好的本体模型概念节点层次结构、节点关系、节点属性等用专用语言表达出来，并存储起来。

　　本研究已使用 Protégé 软件建立完成本体概念模型，并保存为最简洁的 Turtle 语法的 RDF 语言。

　　下面分别以 Protégé 软件生成的 RDF 文件有关类、类的对象属性、类的数据属性为例简单说明。

（1）类的描述

```
###############################################################
#    Classes
###############################################################

### http://semanticweb.cs.vu.nl/2009/11/sem/Event
Sem:Event rdf:type owl:Class ;
          rdfs:subClassOf owl:Thing ;
          rdfs:comment "Events are things that happen. This comprises everything from historical events to wet
          rdfs:label "事件" ;
          <http://www.w3.org/2004/02/skos/core#broadMatch> <http://linkedevents.org/ontology/Event> ,
                                                           <http://purl.org/NET/c4dm/event.owl#Event> ;
          <http://www.w3.org/2004/02/skos/core#closeMatch> <http://purl.org/dc/dcmitype/Event> ,
                                                           <http://sw.opencyc.org/2009/04/07/concept/en/Situat
                                                           <http://www.loa-cnr.it/ontologies/DOLCE-Lite.owl#pe
                                                           <http://www.ontologyportal.org/translations/SUMO.ow
                                                           <http://www8.informatik.uni-erlangen.de/IMMD8/Servi
```

（2）类的对象属性的描述

```
###############################################################
#    Object Properties
###############################################################

### http://dbpedia.org/ontology/created
Dbo:created rdf:type owl:ObjectProperty ;
            owl:inverseOf uave:isCreatedBy ;
            rdf:type owl:TransitiveProperty ;
            rdfs:domain Uave:ExternalCharacteristicseebca002_ab28_445a_9d54_1620a30b83df ;
            rdfs:range Uave:ExternalCharacteristics0738860a_5b41_4ba8_a3d9_0030bc917c6d ;
            rdfs:isDefinedBy Dbo: ;
            rdfs:label "created"@en ,
                       "erstellt"@de ;
            <http://www.w3.org/2007/05/powder-s#describedby> <http://dbpedia.org/ontology/data/definitions.ttl
            <http://www.w3.org/ns/prov#wasDerivedFrom> <http://mappings.dbpedia.org/index.php/OntologyProperty
```

（3）类的数据属性的描述

```
###########################################################
#    Data properties
###########################################################

###    http://dbpedia.org/ontology/eventDescription
Dbo:eventDescription rdf:type owl:DatatypeProperty ;
                     rdfs:domain Sem:Event ;
                     rdfs:range xsd:string ;
                     rdfs:isDefinedBy Dbo: ;
                     rdfs:label "beschrijving gebeurtenis"@nl ,
                                "event description"@en ;
                     <http://www.w3.org/2007/05/powder-s#describedby> <http://dbpedia.org/ontology/data/defini
                     <http://www.w3.org/ns/prov#wasDerivedFrom> <http://mappings.dbpedia.org/index.php/Ontolog
```

（4）实例的描述

```
###########################################################
#    Individuals
###########################################################

###    http://www.semanticweb.org/sunhill/ontologies/uave#《都市农业装备应用技术》高职专业课程研究
uave:《都市农业装备应用技术》高职专业课程研究 rdf:type owl:NamedIndividual ,
                     Uave:ExternalCharacteristics62b14f80_889c_41de_860a_e4910848fce0 ;
                     Npg:hasSubject uave:课程 ;
                     <http://vivoweb.org/ontology/core#hasPublicationVenue> uave:江苏省南京市 ;
                     uave:hasPublicationTime <http://www.semanticweb.org/sunhill/ontologies/uave#2019-11-15> ;
                     uave:hasUAD_Type uave:机电类 ;
                     uave:hasUA_Type uave:设施农业 ;
                     opus:journal_name "中国农机化学报" ;
                     Npg:issue 11 ;
                     Npg:pages "220-225" ;
                     Npg:volume 40 ;
                     Dcterms:title "《都市农业装备应用技术》高职专业课程研究" ;
                     bibo:abstract "北京市都市现代农业的发展理念是\"创新、协调、绿色、开放、共享\",突出农业生
                     schema:keywords "都市农业装备,应用技术,高职,课程研究" ;
                     uave:CLCN "S22-4;G712.3" ;
                     uave:language "chinese" ;
                     rdfs:label "《都市农业装备应用技术》高职专业课程研究" .
```

第6章 基于本体的专题文献知识服务模式探究

用户对领域文献知识的获取、利用，以及获取新知识、解决问题并产生新的创新的全过程的需求是专题知识服务的对象和核心。专题文献知识服务基于专题文献完整收藏和深加工的基础，根据用户特点，以用户需求为指针和牵引，运用本体等知识组织技术，实现语义层面细粒度文献知识内容解构和重组，从而为实现语义化的"都市农业职业教育"专题文献知识深层次服务模式升级建构基础。

专题文献知识服务模式即以专题文献知识服务为手段，以图书馆服务为依托，以先进的知识加工和组织技术为途径，提升文献知识内在价值，打通专题知识资源、用户需求与服务机构和人员之间的联系，实现相互之间良性互动的有效机制与路径。实现和提升各方价值是实现专题知识服务模式的核心内涵。

专题文献知识服务模式包含了影响和制约知识服务的人（服务机构和团队、用户）、财（政策和制度、经费保障）、物（基础文献和数据库、专题文献资源、本体知识库以及平台等）以及相关的知识组织、加工等应用开发技术。只有良好适应和满足这些影响和制约因素的知识服务模式才是较好的模式，也只有合适的知识服务模式才能有效利用和开发现有的专题文献知识，从而有效推动都市农业职业教育的建设和发展。

本研究基于图书馆专业馆员团队以及本体技术在专题文献知识应用的优势，为加强目前图书馆嵌入式服务的嵌入深度与强度，针对专题文献知识服务的三类目标用户，设计了嵌入式专题文献知识服务的三种具体知识服务模式类型：嵌入式决策支持、嵌入式科研定题跟踪与嵌入式教学改革支持知识服务模式。

6.1 嵌入式专题文献知识服务模式架构

本研究设计的嵌入式专题文献知识服务模式运用基于本体技术的知识导航、知识检索以及个性化技术的技术架构，形成以图书馆嵌入式专业馆员基于本体知识库二次知识开发的知识服务团队为基础的知识服务模式。模式整体架构包含了数据层、应用层以及嵌入层、用户层和支撑层。另外，嵌入式专题文献知识服务模式根据具体目标用户的不同，其任务和实现目标、处理和加工以及生成的知识产品均有所不同，主要有决策支持、科研定题跟踪和教学改革支持三种具体知识服务模式。

6.1.1 基于本体的嵌入式专题文献知识服务模式整体框架

根据"都市农业职业教育"专题文献的内涵、特点、内容及目标用户的需求分析等内容，我们设计了"都市农业职业教育"专题文献知识服务模式的框架，如图6-1所示。

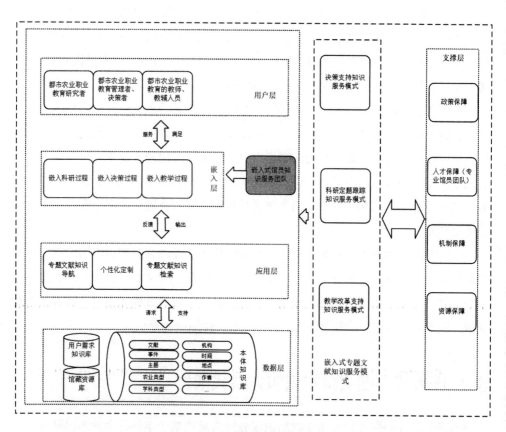

图 6-1　嵌入式专题文献知识服务模式框架图

服务模式框架按照其作用和功能不同，自下而上、从内而外分为数据层、应用层、嵌入层、用户层以及支撑层。

1. 数据层

数据层主要为知识服务提供知识资源支持，是知识服务的基础。

（1）专题文献本体知识库

在前述"都市农业职业教育"专题文献的知识模型构建的基础上，不断完善知识概念本体库，进而对收集的各种专题文献进行内容的本体语义标注，形成专题文献的本体知识库，为用户从本体知识概念层面进行语义检索准备条件。

（2）用户需求知识库

通过采集用户在文献平台注册的资料、文献知识利用行为日志以及文献知识需求的意向调查等信息，我们对用户使用文献知识行为进行分析，建立用户需求本体模型，形成用户需求数据库，并在用户今后的使用中不断即时更新数据。用户需求数据库是实现个性化知识服务的基础。

（3）馆藏资源库

馆藏资源库即馆藏纸质图书报刊等资料以及馆藏数据库。馆藏资源库是专题文献本体知识库的主要来源，同时也是读者日常获取文献信息的主要文献来源。

2. 应用层

应用层也是应用系统层，既包含了系统技术，也包含了人机交互界面（平台）。平台是实现获取用户文献知识请求，输出满足结果的知识服务窗口和人机交互的界面。系统是用户通过服务平台获取数据和使用功能的渠道，也是对各种数据进行管理、加工、处理的综合系统。应用层是联结底层数据和上层用户之间的纽带，也是用户获得精准、全面、高质量知识及服务的关键。应用层通过向数据层发出请求来获取和处理数据，并将处理结果输出给服务层。

（1）专题文献知识导航

专题文献知识导航即系统为实现用户对知识服务便捷性的要求所提供的服务。知识导航是从专题文献内容主题分面进行浏览的知识组织呈现方式，用户按概念分面进行浏览的意向性查找，有利于知识学习、概念扩展和发现。知识导航系统是基于本体语义的概念模型和专题文献本体知识库，平台为实现用户根据知识需求进行意向性浏览，发现所需文献知识的目的，界面要简洁，类目体系要清晰，并要有必要的注释和提示，以利于用户理解类目体系。

（2）个性化定制

个性化定制即系统为实现用户对知识服务个性化的要求所提供的服务。基于前述用户需求知识库，个性化定制系统能提供用户主动定制与用户行为数据抓取和分析，形成用户需求模型，进而对用户需求数据进行知识组织，不断更新用户需求知识库，以及根据用户定制和需求特征，进行个性化推荐和知识资源推送。平台应包括用户登录、各项定制功能以及接收系统推荐和推送消息功能。系统还应当具备手机端联通功能，便于及时接收推送消息。定制类型要尽可能丰富，服务馆员也应及时反馈。

（3）专题文献知识检索系统

专题文献知识检索系统即系统为实现用户对知识服务精准性的要求所提供的服务。基于前述的专题文献本体知识库，根据用户检索需求进行语义规范和标注、分析和匹配计算，从专题文献本体知识库中抽取结果，并对结果进行处理，返回给用户。专题文献知识检索系统是实现快速、精准知识检索的关键。平台检索界面应清晰简洁，并能提供各项检索功能，包括布尔逻辑检索、截词检索等各种专业的检索方式。另外，还应当提供共现词提示，及时对当前检索词的规范表达给予用户反馈和提示，便于达成准确恰当的检索提问。

3. 嵌入层

根据嵌入式知识服务的特点，专业馆员主要负责解决用户特定的需求，要嵌入用户环境与过程，针对用户不同的工作性质和任务，有不同的嵌入过程和嵌入内容，主要分为嵌入科研过程、嵌入决策过程和嵌入教学过程三类。嵌入过程主要由嵌入式专业馆员团队实施，一方面，利用应用层、数据层获取基于本体的专题文献知识；另一方面，利用自身的专业背景和图情技术，根据目标用户需求，对获取的知识信息进行二次加工和有效分析、综合，形成专题分析及预测报告，以此作为深度加工、二次开发的知识产品，满足用户的深层次知识需求。同时，为实现嵌入目标，专业馆员要紧密跟踪用户任务变化和需求变化，与用户的相关管理、研究、教学过程衔接，融入相关的流程，做到全方位、全过程的对接，无缝实现嵌入式知识服务。

4. 用户层

用户层即前述所总结的"都市农业职业教育"文献知识服务的三类目标对象用户：①都市农业职业教育研究者；②都市农业职业教育管理者、决策者；③都市农业职业教育的教师、教辅人员。

用户的知识需求分为浅层次知识需求和深层次知识需求，浅层次知识需求的满足通过基于本体的知识应用获得，深层次知识需求的满足则需要通过嵌入式专业馆员从应用获取的结果中结合专业背景知识和图情技术进行知识挖掘和深层次分析，二次开发形成预测、分析报告等知识产品提供给用户。

5. 支撑层

提供支撑保障服务的因素。

（1）人才保障

人才保障即服务于"都市农业职业教育"专题知识服务的专业馆员队伍。人才保障主要是依靠专业的馆员队伍对知识服务系统和数据库进行支持、维护和管理，以及对用户进行指导和培训等内容，维护系统的有效正常运行。

（2）政策保障

政策保障即相关的配套政策支持，包括学校的以及其他相关政策，以促进本领域持续发展。

（3）机制保障

根据政策，保证持续有效的系统运转环境，包括形成有效可靠且稳定的工作流程和任务分配，对系统的持续跟踪和评估，对用户反馈的及时响应机制，以及与人、财、物的配套措施等。

（4）资源保障

资源保障主要是指文献知识资源的保障，包括及时采购引进优质的文献知识资源并进行加工处理，保持现有数据库的更新，及时对系统积累数据进行监测和调试维护等。

6.1.2 基于本体的嵌入式专题文献知识服务模式技术运行架构

在"都市农业职业教育"嵌入式专题文献知识服务模式的技术运行架构中，关键点是专题文献本体知识库、用户需求知识库进行的知识检索、知识导航和个性化定制的知识服务。

图 6-2 为用户、服务平台层三个模块、应用层三个模块、数据层三个数据库以及专业馆员之间的关联关系图。

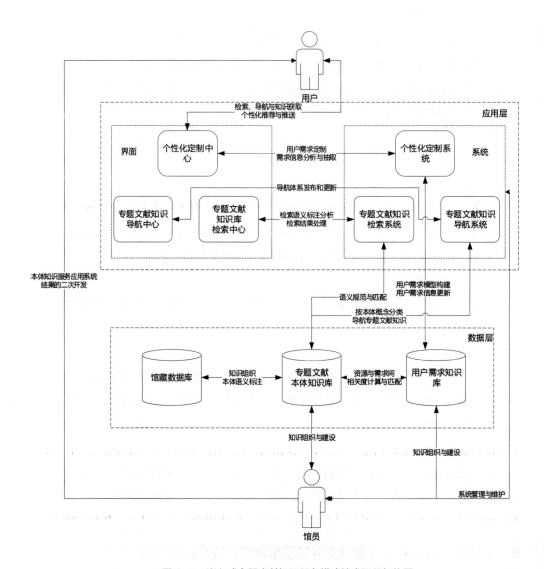

图 6-2　嵌入式专题文献知识服务模式技术运行架构图

下面从专题文献本体知识库、知识检索、知识导航和个性化定制知识服务几方面说明嵌入式专题文献知识服务模式技术运行架构的流程和机制。

1. 专题文献本体知识库

"都市农业职业教育"专题文献本体知识库是在建立并不断完善该专题领域的知识概念体系本体库的基础上，对收集的各种专题文献进行内容的本体语义标注，添加实例，从而形成专题文献的本体知识库。专题文献本体知识库由于是对基于本体的语义分级分面进行标注，使得专题文献实现了知识内容主题层级细粒度的划分，从而为用户从本体语义层面获取和利用专题文献知识以及进行本体语义检索准备条件，实现基于知识单元的精准知识服务。

在"都市农业职业教育"嵌入式专题文献知识服务的模式框架中，专题文献本体知识库处于数据层这一底层核心层中，同时，在底层数据支持中，与用户需求知识库和馆藏数据库相比，专题文献本体知识库是核心中的核心，所起的作用也最为重要。

在图 6-1 和图 6-2 中，专题文献本体知识库均处于核心地位，从应用层各模块到最终用户和馆员，都是围绕专题文献知识库运行。运行架构中，各流程也多交织于专题文献知识库。比如，专题文献知识导航系统、知识检索系统都要对专题文献本体知识库进行按本体概念分类导航、检索提问的语义规范与匹配计算等。馆员也要及时对专题文献本体知识库进行新数据的语义标引和添加等维护操作。

2. 个性化定制服务

个性化定制服务位于应用层，基于用户需求知识库，个性化定制系统提供用户主动定制与用户行为数据抓取和分析，形成用户需求模型，进而对用户需求数据进行知识组织并形成用户需求知识库，从而能够根据用户定制和需求特征，进行个性化推荐和知识资源推送。

个性化定制知识服务一方面是根据用户主动定制，另一方面是采集用户需求信息，包括行为轨迹日志、用户调查数据等，分析后形成用户利用文献知识的特征数据。比如通过对用户身份等个人信息、用户的文献知识偏好和兴趣、用户专业、用户专长，以及成果、教学、科研等信息进行智能分析，形成用户个人文献知识需求画像和本体化需求模型，为提供个性化推荐和推送服务以及其他服务建立基础。

个性化推荐和推送服务可以有效突破检索限制，提高检索成效。个性化特征可以用到检索过程中提供的个人相关度高的检索词语义扩展。个性化定制服务还可以实现个性化知识导航和界面，比如在个人登录页面呈现契合个人研究和专长特征的检索词热搜云图、热点主题、相关类目体系（包含上下位类别，相关类目及同义、近义词），为用户提供扩展选择。

3. 专题文献知识导航服务

知识导航是相对于知识检索而言的。知识导航是对专题文献知识内容主题语义层面进行分面标引，从而实现用户按知识本体类分类浏览的知识组织呈现方式，体现了类目之间的语义关系。知识导航方式便于实现用户探究式研究和获取知识的目的。知识导航系统基于本体语义的概念模型和专题文献本体知识库。

用户使用知识导航的主要原因有：① 实现了解和扩展知识的目的；② 有利于通过浏览明确研究和查找目标；③ 在熟悉相关主题分面的情况下，通过导航浏览的方式查找知识更为便捷、高效。

4. 专题文献知识检索服务

专题文献知识检索服务是实现快速、精准查找文献知识的主要形式。专题文献知识检索基于专题文献本体知识库。知识检索相对于传统文献来说，能够实现基于语义理解的对知识单元的检索。用户能获得语义相关度高的检索结果，并能够直接使用，满足检索需求。而传统的全文信息检索由于使用的是字符串匹配技术，无法实现基于语义的检索，导致检索出大量不相关的结果，给筛选工作带来很大负担。

针对知识语义检索的特点，具体的检索过程与传统信息检索有所不同。比如用户输入检索请求后，系统将根据请求进行语义规范和标注，并及时根据用户需要查询的内容进行语义扩展，返回符合本体语义要求的参考检索词，供用户进一步选择与修正，从而转化为符合本体要求的概念语义，帮助用户完成完整准确的检索请求表达。然后对检索出的结果进行相关度匹配计算，并对结果呈现方式进行处理，最后返回给用户。

在检索过程中，检索匹配算法和检索结果排序算法最为关键。恰当精准的算法是保证知识检索质量，完成用户检索请求的关键。

除以上几方面外，专业馆员在以图书馆为主体的嵌入式专题文献知识服务模式技术运行架构中的作用也非常重要，他们除了要担起知识组织与建设的重任外，还要承担系统管理与维护的职责。此外，专业馆员对本体知识的二次开发与加工虽属于主观智力活动，独立于技术应用系统，但与系统密不可分，并且是对系统知识产品的有力补充和提升。

6.2　基于本体的嵌入式专题文献知识服务模式

以图书馆专业馆员队伍为服务基础的嵌入式知识服务模式具有嵌入用户场景，与用户的任务和工作相结合的特点，以用户为中心通过机构重组、资源组织、系统构建形成全新机制的服务模式，实现目标嵌入、功能嵌入、流程嵌入、系统嵌入、时空嵌入、能力嵌入、情感嵌入和协同嵌入的最终目的，再加上本体技术对知识内容的细粒度、高度结构化组织和语义化揭示的优势，有利于深度契合用户需求，满足用户对知识服务的便捷性、精准性和个性化需求。在本体技术应用基础上的嵌入式知识服务模式是适合本研究的专题文献知识服务的模式，相互结合可以共同发挥其内在优势，更好地实现提升文献知识的内在价值，适应用户知识需求的目的。

如前文 4.1 所述，以北京农业职业学院为案例，自 2014 年起，该校图书馆提供给学校教学、科研、管理的嵌入式馆员服务已经运行了近 8 年，10 余名馆员队伍在嵌入式服务方面也付出了不少精力和时间。虽然因嵌入学院各相关过程、流程，贴近用户需求，取得了不错的用户反响，但因技术手段有限，知识开发不足，提供的知识产品主要以文献传递和简单的咨询、导引等初级服务为主，导致嵌入式服务始终处于浅表层次，嵌入深度和牢固度不足，不仅满足用户需求程度不够，其影响力和支撑作用薄弱，对于改善图书馆在用户中的地位和形象也很有限。因此，只有充分满足用户对知识产品及服务的精准性、便利性和个性化要求，才能有效实现嵌入式知识服务。

嵌入式专题文献知识服务模式能够通过本体技术有效改善现有嵌入式服务的不足。比如，目前欠缺更好的服务技术和手段，为服务方式和内容所限，只能提供基础的知识服务，导致嵌入不够紧密、牢固等问题。嵌入式专题文献知识服务模式可以充分满足用户对知识服务的需求，提高知识服务的影响力和接受、使用程度。不仅可以通过用户使用模式中的本体技术及应用来主动获取和满足一般性的知识需求，更可以凭借有专业背景和技术的专业馆员在本体技术应用的基础上进一步处理和综合分析各文献资源，并产生深层次知识产品，更好地满足目标用户深层次的知识需求。同时，此模式也与"都市农业职业教育"专题文献自身偏学术性、研究性的特点，更加需要深层次分析和再加工以挖掘和提升内在价值的特性相适应。

　　基于本体技术的嵌入式知识服务本质上是一种图书馆服务，以图书馆专业馆员团队的服务为基础，依托图书馆的资源和组织、技术优势，同时借助系统化的本体应用技术（知识检索、知识导航、个性化技术）为手段，满足用户的知识需求。嵌入式知识服务模式主要的运行原理见图6-3。

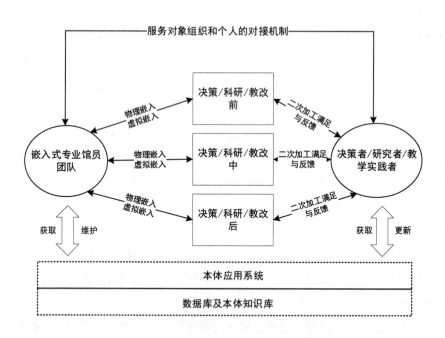

图6-3　嵌入式专题文献知识服务模式原理图

要实行嵌入式服务首先要促成学校建立专业馆员服务团队与学校相关部门的对接机制，为提供针对性服务创造组织条件。其次，专业馆员团队要做好与学校相关部门的对接，及时掌握服务对象的背景、现状等情况。再者，要建立专业馆员与相关具体服务对象的联系制度，定期接触和交流，全面掌握用户的需求情况。

对于嵌入式服务而言，嵌入的渠道一般有物理嵌入和虚拟嵌入两种。物理嵌入指直接嵌入用户的现实应用场景，与用户的工作、任务具体阶段和环节衔接。虚拟嵌入指通过网络技术手段，利用本体应用平台开发、手机 App、微信、电子邮件、浏览器插件等各种手段嵌入用户的网络获取知识的行为和环节中。通过物理嵌入和虚拟嵌入的方式，尽可能紧密地结合用户知识获取的各环节，以实现精准、个性化和便捷的服务。

基于本体的嵌入式专题文献知识服务可以提供的服务内容包括本体技术应用（本体知识库、知识检索、知识导航，以及个性化定制与推送）及本体知识、专业馆员嵌入式服务及其对本体知识的二次加工产品——专题分析报告等。

在嵌入式服务中，具备深厚专业背景和熟练掌握图情技术的专业馆员起到关键性的作用。具体如下：①专业馆员是实现嵌入式服务的保证。专业馆员紧密跟踪用户任务变化和需求变化，与用户的相关管理、研究、教学过程衔接，融入相关的流程，做到全方位、全过程的对接，才能真正实现无缝的嵌入式知识服务。②专业馆员承担了应用系统维护、管理以及本体知识库、用户需求模型、用户需求知识库的补充、更新和完善工作，这是提供技术服务的基础和保障。③专业馆员还要通过对用户工作和任务需求的精准、动态把握，利用本体应用系统获取高相关度的文献知识，并投入高度智力化活动，进行综合、分析和二次开发、加工，形成高价值的相关主题的研究分析、趋势预测报告，满足用户对深层次知识的需求，并对相关领域研究和工作产生更大的推动。

由于都市农业职业教育专题知识服务有三种目标用户，他们的工作任务、性质和面临的问题、解决问题的方式不同，知识需求和对知识服务的要求也有所不同。因此，在嵌入式知识服务模式的框架下，针对这三种目标用户的知识服务的具体实现形式也各有不同，根据目标用户的工作性质和服务目标可以分为针对都市农业职业教育管理者和决策者的嵌入式决策支持知识服务模式、针对都市农业职业教育研究者的嵌入式科研定题跟踪知识服务模式以及针对都市农业职业教育的教师和教辅人员的嵌入式教学改革支持知识服务模式三种具体类型。

这三种知识服务模式之间既有共同之处，也因针对用户不同而存在差异。三种模式的共同点是都在嵌入式专题文献知识服务的大框架下，基于图书馆提供的知识服务，与"专业馆员服务＋本体知识库及本体应用系统服务"相结合，是本体精细化知识表达和专业馆员分析综合能力优势的完美叠加，充分满足用户"浅层次＋深层次"两个层面的知识需求。三种知识服务模式因不同用户的工作和任务阶段不同，知识需求内容和要求也相应不同，对本体知识库及专业馆员所需提供的和二次加工的知识服务产品类别和内容也应与之对应。图 6-4 描述了嵌入式服务中在本体知识库基础上产生的本体聚类知识服务产品（各本体聚类形成的案例、现状、动态等知识产品满足基本和浅层次知识需求）及经过嵌入专业馆员对本体聚类二次加工产生的深层次知识服务产品（本体聚类基础上二次加工产生的前沿、现状和趋势分析及预测，以及相关的论证、评价及研究报告等）完整服务于决策、科研、教改各阶段全过程的关系和流程。

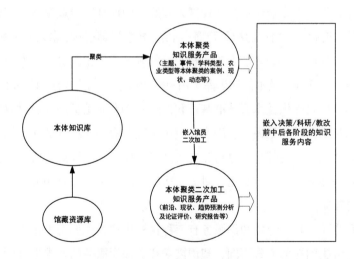

图6-4 本体知识库与知识产品、嵌入各阶段的知识服务内容关系图

6.2.1 嵌入式决策支持知识服务模式

嵌入式决策支持知识服务模式的本体知识库、决策阶段及相应的嵌入内容和提供的知识服务产品见图 6-5（以物理嵌入内容为主），围绕模式架构具体说明如下。

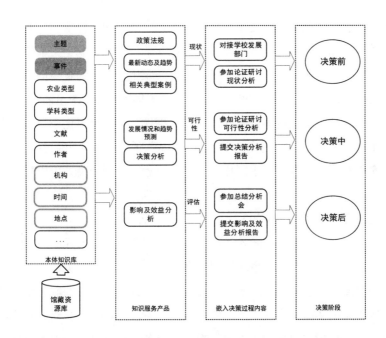

图 6-5　决策支持知识服务模式的分阶段嵌入内容及知识服务产品

1. 用户工作性质和任务

在模式用户层面上，以管理者、决策者的工作管理、决策为主，实现管理和发展的目的。

2. 提供的知识服务产品

模式的数据层面上，根据本体知识库以类组织聚类的不同，给管理、决策提供的知识服务产品一般有主题类，比如有关"职业教育层次""职业教育制度与政策法规""学校管理与建设"的文献知识聚类，结合"事件"类型，例如"三全育人""职业教育类型特色""中外合作办学"等，涵盖了职业教育方方面面的热点事件的聚类。另外，加上机构和时间类的限定，在知识聚类的基础上，结合馆藏数据库，专业馆员根据管理者、决策者不同阶段的需求，还可以进行二次加工，进一步提供诸如现状与背景分析、学校办学竞争力与影响力分析、人才队伍状况评估、就业创业分析、都市农业职业教育发展预测、发展规划分析、政策面影响分析等综合性分析预测报告，辅助用户做出科学合理的决策。

在模式的应用层面上，以都市农业职业教育集团化办学方面的决策为例，管理者、决策者了解一般性情况后可以使用系统的个性化定制、知识检索和导航技术应用直接找到有关本体知识库中"事件"类"集团化办学"子类获取相关事件知识，也可参考本体知识库"主题"类"办学模式"子类获取相关主题的聚类信息。对于决策者的深层次需求，需要专业馆员密切跟踪用户有关集团化办学决策需求的确切情况、背景信息，及时利用系统搜集本体知识库中"事件"类"集团化办学"子类的相关事件知识，参考本体知识库"主题"类"办学模式"子类的文献，经过综合分析加工，形成有关都市农业职业教育"集团化办学"的趋势、预测和决策分析报告以供管理决策者参考。

3. 嵌入决策阶段及嵌入内容

在模式的嵌入层面上，以嵌入式馆员知识服务团队为嵌入式服务的核心，嵌入决策过程的各阶段。同时，支撑层要围绕嵌入决策过程提供相关的机制、政策、资源和人员的保障，前置支撑保障要以保证决策支持嵌入式服务的顺利正常开展。决策过程可按决策的实施分为决策前、中、后三个阶段。首先，要建立专业馆员服务团队与学校发展规划主要部门（人事、教务、财务、科研等部门）的对接，及时掌握有关学校发展建设的背景、现状、成绩与问题、机遇与挑战、内外部环境情况，以及重大动态和事项。其次，专业馆员要作为学校决策相关研讨、论证会议的一员列席参加，并根据掌握的文献和知识资源以及相关报告为会议提供参考。再者，要建立专业馆员与相关管理者、决策者的联系制度，由专业馆员根据其特点和阶段性工作任务等需求变化，持续跟踪并定制提供相关主题的动态、分析、预测报告，辅助制定科学、合理的决策。馆员要针对管理、决策的前、中、后不同阶段提供相应的不同知识服务。决策前要参加相关的现状分析会，提供以现状、动态、趋势、典型案例为主的知识产品，目的是说明现状。决策中要及时参加决策可行性分析会议，提出发展情况和趋势预测，进行合理性、可行性分析，论证决策的可行性，为制定决策做准备。决策后要参加总结分析会，提出相关方面的变化情况和影响及效益分析等。

在虚拟嵌入方面，专业馆员首先要协助所对接的管理者、决策者建立用户需求知识库，涵盖用户的个人背景、专长、领域、偏好以及管理、决策的角色、原则、目标、侧重点等信息，并为之定制个人页面，提供符合个人特征的相关管理、决策领域的动态推送。这样，用户在登录系统时，会第一时间收到推送信息，便于及时掌握最新的本体知识库更新信息。其次专业馆员应当用手机 App、相关微信公众号、浏览器插件等方式加载本体应用系统登录和数据接口，随时随地传递定制化管理、决策参考信息。或通过微信、电子邮件等方式即时传送相关分析预测等专题报告给管理、决策者。也可通过在本体应用基础上继续研发决策支持服务平台，提供更为集中、深度数据挖掘的知识产品和服务。

6.2.2 嵌入式科研定题跟踪知识服务模式

嵌入式科研定题跟踪知识服务模式的本体知识库、科研阶段及相应的嵌入内容和提供的知识服务产品见图 6-6（以物理嵌入内容为主），围绕模式架构具体说明如下。

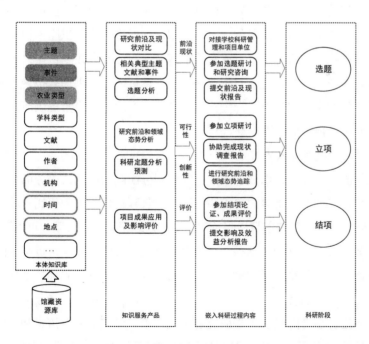

图 6-6 科研定题跟踪知识服务模式的分阶段嵌入内容及知识服务产品

1. 用户工作性质和任务

在模式的用户层面上，以研究者的工作问题探究为主，实现科学研究目的。

2. 提供的知识服务产品

在模式的数据层面上，根据本体知识库以类组织聚类的不同，给研究者提供的知识服务产品一般有"主题"类、"事件"类、"农业类型"等本体类的聚类。加上机构和时间、地点类的限定，结合馆藏数据库，专业馆员根据研究者不同阶段的需求，还可以进行二次加工，进一步提供诸如科研情报分析、科研发展态势分析、科技成果分析、文献计量分析报告、项目前沿性论证、追踪评价科研成效等综合性分析预测报告。

在模式的应用层面上，以都市农业职业教育助力乡村振兴方面的研究为例，研究者了解一般性情况后可以使用系统的个性化定制、知识检索和导航技术应用找到有关本体知识库中"事件"类"乡村振兴与新农村建设"子类获取相关事件知识，也可根据具体的研究内容参考本体知识库"主题"类诸如"职业培训"子类、"农业类型"类的相关子类获取相关知识信息。对于用户的有关深层次需求，需要专业馆员密切跟踪用户不同科研阶段的情况，利用系统搜集本体知识库中相关本体类的知识信息，经过综合分析加工，形成有关都市农业职业教育在乡村振兴方面的研究报告供研究者参考。具体而言，对于选题阶段，馆员应当提供选题报告，从该专题最新研究热点问题中选取适合的课题选题；课题研究阶段，应当提供研究领域发展状况、趋势分析和预测报告等信息。

3. 嵌入科研阶段及嵌入内容

在模式的嵌入层面上，以嵌入式馆员知识服务团队为嵌入式服务的核心，嵌入科研过程各阶段。同时，支撑层要围绕嵌入科研过程提供相关的机制、政策、资源和人员的保障，支撑保障要前置以保证对科研的定题跟踪嵌入式服务可以顺利开展。科研过程可分为选题、立项、结项三个阶段。首先，要建立专业馆员服务团队与学校科研管理部门、项目承担部门的对接，及时掌握有关选题、立项、结项的信息，以便能及时跟进提供服务。其次，获得课题信息后，要尽快建立专业馆员与研究者个人的联系制度，由专业馆员根据研究者个人背景、研究领域等信息和目前的选题兴趣、偏好等需求情况，建立并保持对研究的持续跟踪并定制提供相关信息。最后，负责对接的专业馆员要作为学校科研规划和活动的参与人，参加学校有关科研规划、评估及科研项目立项、结项等会议，及时提供分析研究成果。

服务团队要针对科研的选题、立项以及结项的不同阶段进行不同的嵌入科研过程并提供相应的知识服务。选题阶段要进行选题研讨和研究咨询,提出课题研究前沿、现状的对比分析，对课题申报提出选题分析，并提供相关研究的典型主题文献和事件集等；在项目申请立项阶段，参加立项研讨，协助研究者完成研究现状调查，并对课题给出前沿和领域态势追踪及分析，做出课题定题分析与预测。帮助用户完善和调整项目研究方案。结项阶段，参与有关结项的论证、成果评价。对项目客观评价，对项目成果的应用和影响进行跟踪调查。

在虚拟嵌入方面，与决策支持模式类似，包括建立研究者用户需求知识库，即使用手机 App、相关微信公众号、浏览器插件以及通过微信、电子邮件等方式即时加载或传送本体知识库及不同研究阶段的知识信息和定制化研究报告等，方便研究者随时随地获取知识服务。也可在本体应用基础上继续研发科研支持服务平台，提供更为集中、深度数据挖掘的知识产品和服务。

6.2.3 嵌入式教学改革支持知识服务模式

嵌入式教学改革支持知识服务模式的本体知识库、教学改革阶段及相应的嵌入内容和提供的知识服务产品见图 6-7（以物理嵌入内容为主），围绕模式架构具体说明如下。

1. 用户工作性质和任务

在模式的用户层面上，以教学实践者的工作教学及相关任务为主，实现传授知识和技能的目的。

2. 提供的知识服务产品

在模式的数据层面上，根据本体知识库以类组织聚类的不同，给研究者提供的知识服务产品一般有"学科类型""农业类型"及"主题"类、"事件"类等本体类的聚类。加上机构和时间、地点类的限定，结合馆藏数据库，专业馆员根据研究者的不同阶段需求，还可以进行二次加工，进一步提供诸如学科战略发展规划、学科专题调研报告、学科竞争力报告、学科趋势预测报告、学科分析报告等综合性分析预测报告。

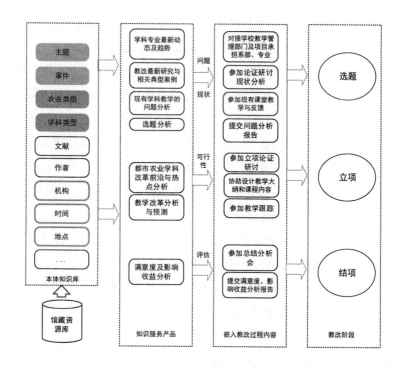

图6-7　教学改革支持知识服务模式的分阶段嵌入内容及知识服务产品

在模式的应用层面上，以都市农业职业教育现代服务专业教育教学改革为例，用户了解一般性情况后可以使用系统的个性化定制、知识检索和导航技术应用找到有关本体知识库中"学科类型"类"现代服务管理类"子类，并可根据具体问题参考"农业类型""休闲农业""会展农业"子类以及"主题"类下"课程与教材建设""教学理论与教学法"等相关子类获取相关知识信息。对于用户的深层次需求，需要专业馆员紧密对接教学实践具体情况，利用系统搜集本体知识库中相关本体类的知识信息，经过综合分析加工，形成有关现代服务管理学科的前沿、热点发展情况、问题分析报告供用户参考。

3.嵌入教学改革阶段及嵌入内容

在模式的嵌入层面上，以嵌入式馆员知识服务团队为嵌入式服务的核心，嵌入教学改革过程各阶段。同时，支撑层要围绕嵌入教学改革过程提供相关的机制、政策、资源和人员的保障，要将支撑保障前置以保证教学改革支持嵌入式服务可以顺利开展。教学改革以项目形式实施，其过程可分为选项、立项、结项三个阶段。但教学改革项目与科研项目有所不同，教学改革项目为实践服务，目的就是落地和变为现实，因此项目的可行性尤为重要。首先，要建立专业馆员服务团队与学校教学管理部门、项目实施部门的对接，及时掌握有关选题、立项、结项的信息，以便能及时跟进并提供服务。其次，获得课题信息后，要尽快建立专业馆员与教学改革者个人的联系制度，由专业馆员根据个人背景、教改学科领域等需求情况，建立并保持对项目的持续跟踪并定制提供相关信息。最后，负责对接的专业馆员要作为学校教学改革项目规划和项目的参与人，参加有关规划、评估及项目立项、结项等会议，及时提供分析研究成果。

服务团队要针对教改的方向及立项、结项的不同阶段进行不同的嵌入过程，并提供相应的知识服务。选题阶段要进行论证研讨，提出相关学科专业的动态和趋势及教改最新研究和案例；要参与现有课堂教学，发现和提出包括教学内容、课程体系、教学方法在内的现有问题及分析，从而提出教改课题的选题分析；在项目申请立项阶段，参加立项论证研讨，参与教学活动跟踪，对项目给出前沿和热点分析，做出项目分析与预测，有助于及时改善和调整项目方案；结项阶段，参与有关结项的论证、成果评价。对项目进行满意度及影响和收益客观评价。

在虚拟嵌入方面，与决策支持模式类似，包括建立教改者需求知识库，即使用手机 App、相关微信公众号、浏览器插件以及通过微信、电子邮件等方式即时加载或传送本体知识库及不同研究阶段的知识信息和定制化研究报告等，方便教改者随时随地获取知识服务，也可在本体应用基础上继续研发教学改革支持服务平台。

第7章 结论与展望

7.1 全文总结

随着信息社会和知识经济的高速发展，信息和知识资源呈现爆炸式增长，如何对信息和知识进行有效筛选和查找成为一个严峻的问题。与此同时，随着国家对职业教育的大力发展和新型城镇化、城乡融合的政策指引，"都市农业职业教育"在近十多年来取得了长足的发展。相应地，有关"都市农业职业教育"的专题文献从类型到数量也呈快速增长趋势。但与该领域的发展态势和对目标群体调查所获得的需求情况不相适应的是，文献知识服务发展仍相对滞后。

针对这一状况，本研究在对该领域主要的知识概念进行分析梳理的基础上，提出了通过利用本体模型的方法建立起基于文献知识内容的知识概念模型，并以此为基础对现有文献知识进行描述和标引，从而建立起专题文献本体知识库，并基于此提供包含知识导航、知识检索和个性化定制服务等技术应用的嵌入式知识服务路径和范式。

文献知识服务的基础是对文献知识实现内容语义上的解构和细粒度加工，实现基于知识内容的检索和发现，从而精准地满足用户的知识需求。也只有这样，才能够吸引用户利用知识服务，推动知识服务发展，实现和提升文献知识价值，进而推动对"都市农业职业教育"的研究，促进该领域的持续发展。

本书根据目前的相关研究背景情况，对相关基础概念和理论以及作为本研究文献数据基础的有关"都市农业""职业教育"的内涵外延、检索词、专业检索的文献检索结果及其处理、分析和排序等工作进行了前期研究，并且对诸如知识建模及本体模型法、知识服务，以及专题文献知识服务的目标用户进行了分析，归纳为研究者、管理决策者和一线教育工作实践者（教师教辅人员）三种类型，并归纳总结了目前该领域的知识服务现状。据此提出了针对目标用户的调查设计方案及调查内容。通过调查数据，研究基本印证了之前的总结分析，并得出如下主要结论：①文献知识服务很有必要进行知识服务产品升级和提高服务的便利性、主动性和人性化等方面。②用户的主要需求仍围绕科研、了解行业最新信息以及本职工作的相关内容。

③图书馆应当重视提高服务的便利性、资源的覆盖度以及资源之间的整合、个性化服务这几个方面。④知识服务还需要加强用户调查、推广、宣传和培训。⑤文献知识服务模式需要进一步优化。针对用户意愿，尤其应加强对文献知识导航、个性化服务以及文献知识检索服务的应用。并进一步针对三种用户类型总结分析了不同的知识需求和知识服务特点。

基于以上理论和调查，本书还对知识建模进行了研究、探索。我们采用本体构建的七步法进行模型的搭建，确定了专题文献知识内涵及本体模型的领域与范畴，完成了模型概念数据的复用、抽取、处理工作，建立了模型本体类及结构、定义了模型概念类的属性，最终完成模型生成并进行了实例生成。研究最后根据专题文献知识服务的要素，包括用户需求、知识服务类型特点以及本体技术应用特征，探讨了专题文献知识服务模式的可行路径，即以专业馆员为核心，以本体技术应用为手段的嵌入式专题文献知识服务模式。根据不同用户的特点及需求，服务模式进一步分为了嵌入式决策支持、科研定题跟踪和教学改革支持三种知识服务模式类型。

本书基于相关理论学习以及图书馆专业工作实践经验，对于"都市农业职业教育"专题文献领域知识概念体系模型的初步尝试，对于该领域文献知识体系实现系统化、结构化、规范化、语义化的知识组织是一项有益的尝试和创新应用，也为今后的知识库的开发和知识服务升级提供了一定基础。另外，本研究对目标用户有关知识需求的调查也为今后的知识服务改进提供了一定的佐证，具备一定的理论和实践价值。

7.2 研究局限与展望

因笔者的学识、理论水平以及时间、经验等有限，本研究还存在以下几点不足，希望在今后的相关研究中能够进一步得到补充和完善。

1. 本体知识概念模型

本研究遵循本体的原则和科学严谨的推理规则，进行了"都市农业职业教育"专题文献本体模型构建的有益尝试。但由于本模型针对的"都市农业"仍在不断发展演变中，且因不同地域环境差异和相应政策的变化导致"都市农业"内涵发生改变。而且"都市农业"与"职业教育"并无较为完整的、系统的、能够密切反映现实变化的、可用来直接借鉴的研究成果。对于"都市农业"与"职业教育"而言，因其内容体系庞杂，本体建设包括类及子类概念的抽选，具有较强的专业性和严谨性，应当有业内专家来参与研究完成。本研究完成的"都市农业职业教育"专题知识模型只是起到抛砖引玉的作用，仅作为一个基础和探索性工作。

2. 用户需求调查

"都市农业职业教育"领域目前的知识服务还处于初始阶段，无论从用户需求度、机构资源还是人才保障能力、技术储备等各方面都还有待于进一步发展。由于知识服务的很多方面还处于空白待开发状态，这给需求调研带来了一定困难。用户需求调研问题设计上更多的是体现一种意向性，实现方向性调查的目的。对用户知识需求的内涵和细化有所不足。有待今后在该专题领域的知识服务进一步发展后，进行更加有针对性、更细化的调查。

3. 未来研究方向

对本体知识库及应用系统的实现，由于技术储备和时间所限，尚未展开深入探讨和付诸实现，这部分是本体知识服务应用落地的关键，也是本体知识服务能够发挥作用的最艰巨一环。希望在本研究后续的有关工作中能够有条件开展和继续。

附录一

"都市农业职业教育"专题文献知识服务用户调查问卷

首先感谢您百忙之中能参与此次调查。本调查仅做学术研究之用,旨在了解"都市农业职业教育"领域文献知识获取和利用现状以及对知识服务发展的需求情况。本问卷采用不记名方式填写,答案无对错,请您放心回答。您的真实看法对我们的研究非常重要,再次感谢您的支持与配合!

第一部分 用户基本信息

1. 您现在的身份?[单选题]

○行政教辅人员
○教师
○管理、决策者

2. 您所处的年龄段?[单选题]

○ 21~30
○ 31~40
○ 41~50
○ 51 以上

3. 您的学历?[单选题]

○大专以下
○大专
○本科
○研究生

4. 您主要参与的工作任务属性?[单选题]

○有关研究工作
○有关教学、教辅工作
○有关管理、决策工作

第二部分 用户文献知识需求及获取情况

5. 您获取知识的主要来源渠道有哪些？[多选题]

□①查询馆藏书籍报刊
□②求助熟人、朋友或行业会议交流等
□③咨询相关行业机构
□④查询相关网站或 App
□⑤检索专业数据库
□⑥向图书馆提出请求

6. 您获取文献知识的主要目的？ [多选题]

□①了解领域最新信息
□②科研论文或著作写作
□③教学、教辅工作需要
□④课题项目申报及研究
□⑤管理决策参考

7. 请对以下影响你选择使用图书馆获取文献知识的关键因素按影响程度从高到低排

序。[排序题，请在中括号内依次填入数字]

[ ]①不了解图书馆有哪些文献知识资源和获取途径
[ ]②认为资源有限，对从图书馆满足知识需求信心不足
[ ]③已有个人的获取渠道能够满足
[ ]④认为从图书馆获取流程不够便利
[ ]⑤使用馆藏数据库尚有技术障碍
[ ]⑥图书馆资源整合度不够
[ ]⑦没有形成个性化服务

8. 您通常希望获取的文献知识产品类型有？[多选题]

□①具体的事实或数据
□②具体问题的解决方法或方案
□③相关的文献、文档汇编或目录
□④专业的知识库、数据库
□⑤专业的研究分析报告、动态进展等

9. 您是否有过想要获取某些知识却无从入手的情形？[单选题]

○基本没有
○偶尔
○经常

第三部分 用户文献知识服务利用现状

10. 请对以下目前您接触过的文献知识服务按使用意愿从高到低排序。[排序题，请在中括号内依次填入数字]

[ ] ①借阅图书馆馆藏书刊
[ ] ②检索利用图书馆馆藏数据库
[ ] ③图书馆文献代查代检服务
[ ] ④课题定题专题文献提供
[ ] ⑤科技查新、查收查引
[ ] ⑥文献传递、馆际互借

11. 您认为图书馆现有文献知识服务满足知识需求的程度？[单选题]

○完全满足	○满足	○一般	○不满足	○完全不满足

12. 在此之前，您是否了解知识服务？[单选题]

○不了解
○一般
○了解

13. 您接触图书馆文献知识服务的频率是怎样的？[单选题]

○从未接触	○偶尔接触	○有时接触	○经常接触	○密切接触

14. 选择文献知识服务时您更看重哪些因素？[矩阵单选题]

表1 选择文献知识服务看重因素

	非常不重要	不重要	无所谓	重要	非常重要
①提供的知识产品及服务类型多样	○	○	○	○	○
②知识产品内容经过深加工，质量可靠实用	○	○	○	○	○
③使用流程是否方便	○	○	○	○	○
④提供服务的机构和人员资质以及人员的专业背景	○	○	○	○	○
⑤获取是否便利及等待时长	○	○	○	○	○
⑥是否有后续跟进服务	○	○	○	○	○
⑦是否有个性化服务	○	○	○	○	○

15. 您在浏览查找相关主题方向的文献时是否有以下问题？[多选题]

□①相关主题的文献过于分散不好查找
□②专题领域文献分类不合理，不能实现按内容主题细分
□③以主题词直接检索效率太低，往往漏检误检费时费力
□④现有数据库检索系统不能从内容语义进行细化归类
□⑤以上都无

16. 您在使用图书馆文献知识服务时是否遇到这些问题？[多选题]

□①知识服务往往不能切中个人文献知识兴趣点和专长
□②个人文献知识需求特点和轨迹不够受关注和未被记录
□③针对个人的文献信息服务往往不能保持一贯性
□④针对个人文献知识服务不够细化，服务内容单一
□⑤以上都无

17. 您在检索相关文献知识的过程中是否遇到过以下问题？[多选题]

□①相关的文献知识搜不到或埋没在大量搜索结果中
□②找到的文献知识不准确 / 不符合使用需要
□③找到的文献知识不完全或过时
□④遇到访问权限的问题（如需要会员，需要付费等）
□⑤以上都无

18. 文献知识导航是将分散的文献按内容主题和其他特征建立关联，细分归类，集中展示。您愿意使用文献知识导航服务吗？[单选题]

○非常愿意	○比较愿意	○不确定	○不太愿意	○不愿意

19. 个性化文献定制服务是通过收集分析个人文献利用行为数据并按照个人定制的主题主动推送符合个人特点和要求的相关文献知识。您愿意使用个性化文献定制服务吗？[单选题]

○非常愿意	○比较愿意	○不确定	○不太愿意	○不愿意

20. 文献知识检索服务是指能按照文献内容主题分面细化分类，实现内容语义的精准检索服务。您愿意使用文献知识检索服务吗？[单选题]

○非常愿意	○比较愿意	○不确定	○不太愿意	○不愿意

附录二

北京农业职业学院"都市农业职业教育"专题期刊文献目录

序号	篇名	作者	刊名	发表时间
1	乡村振兴战略背景下涉农高校耕读教育体系建构与内涵建设——以北京农业职业学院为例	冯学会	北京农业职业学院学报	2023-01-11
2	都市型现代农业人才培养模式的研究分析	韩鸥	湖北开放职业学院学报	2022-11-21
3	农业高职院校物联网应用技术专业人才培养研究——以北京农业职业学院为例	张林红	北京农业职业学院学报	2022-11-20
4	高职金融服务与管理专业"课程思政"探索与实践——以北京农业职业学院为例	郭心义	北京农业职业学院学报	2022-07-20
5	新形势下农业高职院校学生德育工作创新与实践——以北京农业职业学院为例	刘洪超, 董冠英, 周迪, 沈杰, 王司妍	北京农业职业学院学报	2022-07-20
6	推动农业职业院校校外实训基地建设	侯引绪	北京观察	2022-07-15
7	职业院校英语学科课程思政建设的路径研究与实践——以北京农业职业学院为例	张晓青	太原城市职业技术学院学报	2022-06-28
8	智慧设施农业装备人才培养模式研究与实践——以北京市为例	杨学坤, 叶克, 徐迪娟, 胡瑶玫	中国农机化学报	2022-05-15
9	高职院校《动物免疫学》课程教学改革的探索与思考	雷莉辉, 关文怡	养殖与饲料	2022-04-01
10	以中高职贯通培养带动高素质农民教育高质量发展	崔坤	农民科技培训	2022-02-01
11	绿色学校建设实践探索与思考——以北京农业职业学院为例	李彩玲, 程文华, 柏根才, 杨士军	北京农业职业学院学报	2022-01-20
12	贯通培养模式下生物基础课融入"课程思政"的探索与实践——以北京农业职业学院贯通培养项目为例	袁庆叶, 张云苓, 赵庶吏, 李英军, 朱翠红	北京农业职业学院学报	2022-01-20
13	农业类高等职业院校劳动教育教学模式研究——以北京农业职业学院为例	赵章彬, 王力红	中国职业技术教育	2021-11-01
14	高素质农民学历教育中政府、职业学校和社会组织的联动作用	崔坤, 张新华, 关雪梅, 赵鑫	农民科技培训	2021-11-01

序号	篇名	作者	刊名	发表时间
15	德育学分制在高职院校"三全育人"实践中的应用探析——以北京农业职业学院为例	赵钢	北京农业职业学院学报	2021-09-16
16	高职院校推进全学科课程思政建设路径探究——以北京农业职业学院贯通培养项目基础文化课学段为例	朱翠红，李英军，赵庶吏	北京农业职业学院学报	2021-09-16
17	对"立德树人导师制"的探索与实践	胡霞，叶克，刘方洲，杨学坤	中国农机化学报	2021-08-15
18	高职院校青年教师科研创新能力优劣势和提升路径分析——以北京农业职业学院为例	王秀清，刘春平	辽宁农业职业技术学院学报	2021-03-15
19	新时期高职院校"三全育人"工作的思考与探索——以北京农业职业学院为例	冯学会	北京农业职业学院学报	2021-01-20
20	休闲农业与乡村旅游人才培养模式创新实践	耿红莉	安徽农业科学	2020-12-18
21	高素质农民高职培养现状分析与对策研究	罗斌	北京农业职业学院学报	2020-11-20
22	高职会展专业校外集中实训模式及效果研究	王琪，周艳秋，李艳婷，郝利群	北京农业职业学院学报	2020-11-20
23	实施高职学历教育提升新型职业农民素质	胡霞，李军辉，叶克	中国农机化学报	2020-10-15
24	"新工科"高职水利土木专业群核心课程体系研究——以北京农业职业学院为例	高秀清	北京农业职业学院学报	2020-09-20
25	校企合作订单培养人才的探索与实践——以北京农业职业学院金融管理专业为例	郭心义	北京农业职业学院学报	2020-09-20
26	科研导师制在高职院校人才培养中的应用实践——以北京农业职业学院动物医学专业为例	张凡建，孙健，曹授俊	北京农业职业学院学报	2020-09-20
27	北京地区高职设施农业与装备专业人才需求调研	杨学坤，叶克，徐迪娟，胡瑶玫	农业工程	2020-08-20
28	农业职业院校开展劳动教育教学实践的研究	钱多	安徽农业科学	2020-07-18
29	基于服务学生"双创"能力培养的"食品市场营销"课程设计和开发	曲爱玲，句荣辉，罗红霞，李淑荣，王雪松	农产品加工	2020-06-30
30	农业高职院校在"一带一路"国家境外办学的探索——以北京农业职业学院泰国分院办学为例	梁秀文，付宁花	北京农业职业学院学报	2020-05-20

序号	篇名	作者	刊名	发表时间
31	高职院校《宠物营养与饲料》教学改革探索——以北京农业职业学院为例	郭彤，李玉清，艾君涛	山东畜牧兽医	2020-05-15
32	促进高职院校贯通项目教师教学能力提升的路径——以北京农业职业学院为例	朱翠红，李英军	湖北开放职业学院学报	2020-04-15
33	高职院校课堂教学质量评价体系的改进与实践——以北京农业职业学院为例	杨学坤，刘琳	北京工业职业技术学院学报	2019-11-25
34	《都市农业装备应用技术》高职专业课程研究	吕亚州，蒋晓	中国农机化学报	2019-11-15
35	会计专业人才培养的需求分析——以北京农业职业学院为例	李春华，张弼泽	会计师	2019-03-25
36	高职院校"学农教育"综合育人模式创新与实践的研究	高琼，程文华，钱多，崔宝发，吕炯璋	大学教育	2019-02-01
37	以科技项目促进高职学生创新创业能力培养的作用和方法——以北京农业职业学院为例	刘春平	宁波职业技术学院学报	2018-12-25
38	SWOT分析视角下新型职业农民高职教育研究	李凌	高等农业教育	2018-12-15
39	高端技术技能人才贯通培养试验项目的探索——以北京农业职业学院为例	熊建清，赵庶吏，高世吉，李英军	北京教育（高教）	2018-02-10
40	北京农业职业教育人才培养的主要问题及改进建议	冯学会	中国职业技术教育	2017-12-21
41	基于高职"理实一体化"的动物繁殖课程设计的几点思考	付静涛，乔利敏，韩杰，肖西山	黑龙江畜牧兽医	2017-05-20
42	从高职旅游管理专业毕业实习调查谈教学改革	耿红莉，贾艳琼	北京农业职业学院学报	2017-05-20
43	丰富职教内涵延长职教链条——以北京农业职业学院为例	崔坤	北京教育（高教）	2017-05-10
44	关于京津冀都市型现代农业职业教育协同发展的思考	鄢毅平	北京农业职业学院学报	2017-03-20
45	关于高等职业院校校园文化建设的实践与思考	赵章彬	中国职业技术教育	2017-02-01
46	对"理实一体化"教学的探索与实践——以北京农业职业学院液压与气动技术课程为例	杨佳慧，叶克，杨学坤	职业教育（中旬刊）	2016-12-20
47	创新实践模式推行现代学徒制——以北京农业职业学院汽车检测与维修技术专业为例	叶克，陆静兵，诸刚，王芳	北京农业职业学院学报	2016-11-20

续表

序号	篇名	作者	刊名	发表时间
48	高等职业院校课堂教学质量评价的现状分析与对策研究——以北京农业职业学院机电工程学院为例	杨学坤	高等农业教育	2016-10-15
49	新时期下高职《节水灌溉技术》课程改革探讨	杨林林，韩敏琦，张海文，杨胜敏，王成志	北京农业	2016-02-15
50	关于北京都市型现代农业对高端技术技能人才需求的思考	胡鑫，郑伯坤，马俊哲	北京农业职业学院学报	2016-01-20
51	都市型现代农业高技能人才培养改革与实践	王晓华，崔砚青，王振如，王福海，崔坤	中国职业技术教育	2015-09-11
52	荷兰农业职业教育的特点及对我国职业教育的启示	曹允	山东畜牧兽医	2015-06-15
53	以集团化办学推进现代职业教育发展	杜晓林	北京教育（高教）	2015-06-10
54	高职农业经济管理专业特色与教改原则分析——以北京农业职业学院为例	罗斌	高等农业教育	2015-03-15
55	高职院校开展职业技能竞赛的探索与实践	王晶，崔宝发，张满清，李桂伶	黑龙江畜牧兽医	2015-01-20
56	数控加工类课程教学项目的整合实践	蒋三生	北京农业职业学院学报	2015-01-20
57	高职《节水灌溉技术》课程教学改革探索	韩敏琦，杨林林，张海文，杨胜敏	中国校外教育	2014-12-30
58	践行"四大办学理念"推进学院健康发展——北京农业职业学院办学理念的创新与实践	崔砚青	北京教育（高教）	2014-10-10
59	高等职业教育在乡村休闲农业发展中的作用	杜晓林	北京农业职业学院学报	2014-07-20
60	工学结合模式下实训基地建设的探索与实践——以北京农业职业学院为例	王晶，王晓华，程文华，崔坤	黑龙江畜牧兽医	2014-06-20
61	"五位一体"：高职教育科学发展机理研究——基于职教转型视角的实践创新	杜保德，李凌，王力红	高等农业教育	2014-05-15
62	都市农业职业教育集团的合作治理与管理创新	杜晓林	北京农业职业学院学报	2014-03-20
63	高职院校中外合作办学的人才培养模式创新——以北京农业职业学院为例	杨欣，赵庶吏，李英军，徐江	教育理论与实践	2014-01-25

序号	篇名	作者	刊名	发表时间
64	关于组建北京现代农业职教集团的思考	鄢毅平	北京农业职业学院学报	2014-01-20
65	高等农业职业教育的发展现状与对策研究	王福海，马俊哲，李凌	北京农业职业学院学报	2013-11-20
66	高职院校《畜禽繁育》课程的教学改革与实践	乔利敏	山东畜牧兽医	2013-10-15
67	"五服务、五融合"生态养殖基地建设的实践与思考	华勇谋	北京农业职业学院学报	2013-07-20
68	高职非计算机专业计算机基础教学改革探索——以北京农业职业学院为例	刘红梅，高倩，王官云	北京农业职业学院学报	2013-05-20
69	高职涉农专业课程评估的研究——以北京农业职业学院为例	许红春，崔坤，迟全勃，韩杰	内蒙古教育(职教版)	2013-01-25
70	北京农业职业学院开放办学实践与探索	赵庶吏	北京农业职业学院学报	2013-01-20
71	中国与加拿大小动物医学专业高等职业教育的思考——以北京农业职业学院与加拿大圣力嘉学院为例	李志，刘朗	黑龙江畜牧兽医	2012-12-20
72	以实践教学为主体强化职业能力培养	崔砚青	北京教育（高教）	2012-10-10
73	北京农业职业学院中外合作办学实践与思考	赵庶吏，李英军	北京农业职业学院学报	2012-09-20
74	关于新型职业农民队伍建设的思考	张耀川，马俊哲，李凌	北京农业职业学院学报	2012-07-20
75	关于高职会展农业专业建设的思考	马俊哲，鄢毅平，李凌	北京农业职业学院学报	2012-07-20
76	强化专业建设开拓后示范校建设的新路径——以北京农业职业学院畜牧兽医系专业建设为例	曹授俊，钱静	北京农业职业学院学报	2012-07-20
77	北京农业职业学院的国际合作办学实践及思考	付宁花，梁秀文	北京农业职业学院学报	2012-03-20
78	以能力本位为导向的高职《水力水文计算》课程整合研究	杨林林，王成志	北京农业职业学院学报	2012-03-20
79	跨区域合作办学的理念创新与实践探索——以北京农业职业学院为个案的研究	马俊哲，李凌	北京农业职业学院学报	2012-01-20
80	高职水利与建筑工程专业实践教学体系构建	杨爱荣	北京农业职业学院学报	2011-11-20

续表

序号	篇名	作者	刊名	发表时间
81	高职农畜特产品加工专业实践教学体系的构建与运行模式	王丽琼	职业教育研究	2011-11-08
82	农业职业人才供求：北京样本	李秀华	职业技术教育	2011-08-25
83	浅谈高等农业职业教育人才培养模式的变革与特征	李秀华，郝婧	中国职业技术教育	2011-06-11
84	扎实推进示范建设创建一流农业职业学院	崔砚青，王振如	中国高等教育	2011-03-18
85	农业职业院校"植物生长周期循环"人才培养模式的探索与实践	赵晨霞，冯社章，王春玲，毕红艳	中国职业技术教育	2011-03-01
86	职业院校师资队伍建设探索——以北京农业职业学院为例	王敏	山西煤炭管理干部学院学报	2011-02-25
87	高职院校专业化服务工作的创新实践——以北京农业职业学院奶牛产学研服工作室为例	邓志峰	北京农业职业学院学报	2010-09-20
88	职业院校教师培训创新机制探索——以北京农业职业学院为例	王敏，吕嘉	中国商界（上半月）	2010-07-08
89	高等农业职业教育人才培养模式的改革与实践	郝婧	北京农业职业学院学报	2010-05-20
90	高等农业职业教育人才培养模式的创新与实践	郝婧	职业技术教育	2010-05-01
91	对"园艺植物生长周期循环"人才培养模式的研究	赵晨霞，冯社章，王春玲	北京农业职业学院学报	2010-03-20
92	产学研服一体化：职业院校产学研的独特定位和逆向设计	杜保德	北京教育（高教版）	2010-02-10
93	农业高职院校服务北京新农村建设的思考及策略	郝婧	中国职业技术教育	2009-09-21
94	基于北京农业职业教育市场现状与发展规划	张满清	中国校外教育	2009-04-20
95	北京农业类高职专业发展现状的思考	郭玉梅，梁秀文	中国职业技术教育	2009-04-11
96	以高技能型人才培养为目标建设实训基地	周广和，崔坤	北京农业职业学院学报	2009-01-20
97	高等职业院校学生顶岗实习的探索与实践	伊丽丽，刘春鸣，刘爱军，欧雅玲	中国林业教育	2009-01-15
98	北京农业职业教育发展对策研究	杜保德，李凌	中国职业技术教育	2008-08-11

序号	篇名	作者	刊名	发表时间
99	提升理念重内涵突出特色谋发展——北京农业职业学院办学实践	崔砚青，王振如	中国职业技术教育	2008-04-11
100	发挥职业教育优势服务新农村建设	崔砚青	北京教育（高教版）	2008-02-10
101	日本农业职业教育的做法与启示	杜保德，李玉冰，赵素英，胡天苍，李志勇	北京农业职业学院学报	2008-01-20
102	试论北京农业职业教育	李秀华	中国职业技术教育	2007-11-11
103	我院"一二三四"式实践教学体系的构建	梁秀文，郭玉梅	中国职业技术教育	2007-08-01
104	农业职业教育服务新农村建设的探索和实践	李凌	教育与职业	2007-07-11
105	强化产学研结合突出高职教育特色	王秀清，马俊哲	中国职业技术教育	2007-03-11
106	提升理念创新模式完善机制服务京郊新农村建设	崔砚青	北京农业职业学院学报	2006-12-20
107	依托专业办产业办好产业促专业——北京农业职业学院产学一体化的成功探索	郝婧	职教论坛	2005-10-25
108	立足"三农"服务京郊创出特色	王振如，宋丽润	北京教育（高教版）	2005-08-25
109	加快实现"两个转变"努力争创一流职业学院——北京农业职业学院"两个转变"研讨会综述	马俊哲，宋晓华，胡鑫，任卫娜	北京农业职业学院学报	2003-12-30

说明：

1. 检索时间为 2023 年 4 月；

2. 数据来源：中国知网（学术期刊全文库）；

3. 构建专业检索式进行专业检索，选其中第一作者机构为"北京农业职业学院"的条目作为数据来源；

4. 此列表仅供参考；

5. 全表按发表时间降序排序。

附录三

"都市农业职业教育"专题期刊文献更新目录（2020—2023）

序号	篇名	作者	刊名	发表时间	被引率	下载率
1	面向新农科的农业特色通识核心课程体系构建——以南京农业大学为例	董维春，姜璐，张炜	中国农业教育	2020-10-20	12	500
2	休闲农业与乡村旅游人才培养模式创新实践	耿红莉	安徽农业科学	2020-12-18	10	701
3	新时期高职院校"三全育人"工作的思考与探索——以北京农业职业学院为例	冯学会	北京农业职业学院学报	2021-01-20	10	526
4	拔尖创新型卓越农科人才培养实践教学模式探讨——以南京农业大学为例	郝佩佩，孙磊，汪欢欢	教育教学论坛	2021-01-13	9	312
5	高职院校心理健康课程融入"课程思政"路径研究——以成都农业科技职业学院为例	李娜	农家参谋	2020-04-28	7	772
6	项目教学法在农科实践教学中的应用和探索——以设施农业科学与工程专业为例	董晓星，李胜利，吴帼秀	科教文汇（下旬刊）	2021-01-30	7	532
7	乡村振兴战略下休闲农业和乡村旅游人才的素质与能力研究	喻彩霞，姚月圆	科技创新与生产力	2021-12-10	7	449
8	新农科背景下加强设施农业科学与工程本科专业产学研合作的思考	别之龙	农业工程技术	2020-05-10	7	284
9	高素质农民高职培养现状分析与对策研究	罗斌	北京农业职业学院学报	2020-11-20	7	182
10	实施高职学历教育提升新型职业农民素质	胡霞，李军辉，叶克	中国农机化学报	2020-10-15	6	297
11	高等农业院校大学英语"四位一体"教学模式研究——以沈阳农业大学英语教学为例	毛丽珍	沈阳农业大学学报（社会科学版）	2021-10-28	6	279
12	农业类高等职业院校劳动教育教学模式研究——以北京农业职业学院为例	赵章彬，王力红	中国职业技术教育	2021-11-01	5	764

序号	篇名	作者	刊名	发表时间	被引率	下载率
13	德育学分制在高职院校"三全育人"实践中的应用探析——以北京农业职业学院为例	赵钢	北京农业职业学院学报	2021-09-16	5	227
14	协同推进学科建设与研究生教育的探索与实践	李占华,康若祎,潘宏志,刘国瑜,陈金彦	学位与研究生教育	2021-12-15	4	1309
15	农业职业院校开展劳动教育教学实践的研究	钱多	安徽农业科学	2020-07-18	4	273
16	"新工科"高职水利土木专业群核心课程体系研究——以北京农业职业学院为例	高秀清	北京农业职业学院学报	2020-09-20	4	250
17	农业高职院校在"一带一路"国家境外办学的探索——以北京农业职业学院泰国分院办学为例	梁秀文,付宁花	北京农业职业学院学报	2020-05-20	4	227
18	打造"金课",培养卓越农林人才——以南京农业大学为例	苗婧,李静,王恬	高等农业教育	2021-04-15	3	208
19	"双导师"制度下农业院校校外人才培养基地建设实践	李修伟,梁亚萍,董辉,吴元华,韩卓	教育教学论坛	2020-09-27	3	143
20	高职院校大学生创业意向调查分析及建议对策——以苏州农业职业技术学院为例	孙茂红,倪玥	知识经济	2020-04-01	3	58
21	"双高"建设背景下休闲农业专业文化育人体系构建研究	杨铱,阳淑,熊丙全	教育与职业	2021-05-15	2	710
22	设施农业科学与工程专业教学改革及创新探索	马健,孙鑫,王峰,齐明芳,齐红岩	沈阳农业大学学报(社会科学版)	2021-10-28	2	482
23	基于OBE理念的新农科专业核心课程改革与实践——以设施农业环境工程学为例	王长义,郝振萍	高教学刊	2022-07-08	2	239
24	"新农科"背景下设施专业课程体系建设的实践与思考	宋金修,潘铜华,付为国,毛罕平,闫征南	农业工程技术	2021-11-10	2	229
25	高职院校职业生涯规划课程教学的实践探索——以苏州农业职业技术学院为例	戴文文	科技视界	2021-11-25	2	227

序号	篇名	作者	刊名	发表时间	被引率	下载率
26	校企合作订单培养人才的探索与实践——以北京农业职业学院金融管理专业为例	郭心义	北京农业职业学院学报	2020-09-20	2	208
27	农业高职院校学生专业认同现状与提升路径探索研究——以苏州农业职业技术学院为例	吴春花	高教学刊	2020-11-19	2	152
28	促进高职院校贯通项目教师教学能力提升的路径——以北京农业职业学院为例	朱翠红，李英军	湖北开放职业学院学报	2020-04-15	2	103
29	高等农业院校会计学专业应用型人才培养改革与实践——以沈阳农业大学为例	赵景芬，黄晓波	高等农业教育	2021-02-15	2	94
30	基于创新能力培养的植物保护专业实践教学改革	高萍，魏松红，董辉，鲁莹，杨雪清	安徽农学通报	2020-12-15	2	87
31	"以学为中心"的动物繁殖学课程群相关课程的有效教学	杭苏琴，王子玉，茆达干，万永杰，魏全伟	黑龙江动物繁殖	2020-11-15	2	71
32	第二课堂大学生创新创业教育体系的构建与实践——以南京农业大学动物医学专业为例	徐刚，李欣欣，熊富强	黑龙江教育（高教研究与评估）	2022-10-18	1	565
33	新工科背景下的风景园林工程类课程协同教学研究——以南京农业大学风景园林专业工程类相关课题为例	熊星，魏家星，张清海，何疏悦	现代园艺	2022-03-29	1	476
34	新农科背景下新型农学专业的创建与实践探索——以江苏大学"设施农业科学与工程"专业建设为例	宋金修，毛罕平，邹志荣，徐香茹	高等农业教育	2021-08-15	1	396
35	新农科视域下涉农高校一流本科教育的探索与实践——以南京农业大学"三金"建设为例	宋菲，张炜，赵玲玲	中国现代教育装备	2020-12-20	1	338
36	休闲农业人才供需问题研究	蔡会敏	中国集体经济	2021-09-18	1	337

序号	篇名	作者	刊名	发表时间	被引率	下载率
37	智慧设施农业装备人才培养模式研究与实践——以北京市为例	杨学坤，叶克，徐迪娟，胡瑶玫	中国农机化学报	2022-05-15	1	303
38	基于 OBE 理念的新农科人才培养模式构建研究与实践	刘文合，王楠，赵裕国，张布	高等农业教育	2022-06-15	1	300
39	"新农科"背景下设施农业科学与工程专业复合应用型人才培养模式创新实践——以潍坊学院为例	张保仁，崔英，姜倩倩，曹慧	安徽农学通报	2021-09-30	1	277
40	高职院校推进全学科课程思政建设路径探究——以北京农业职业学院贯通培养项目基础文化课学段为例	朱翠红，李英军，赵庶吏	北京农业职业学院学报	2021-09-16	1	274
41	"三全育人"背景下农业高职院校心理健康实践教学体系构建与实施——以成都农业科技职业学院为例	张娜，邓淇尹，管太兴	河南农业	2022-01-25	1	264
42	农耕文化融入农业高职院校思政课教学的路径研究——以苏州农业职业技术学院为例	董金龙	湖北开放职业学院学报	2021-06-28	1	250
43	新农科都市型园艺人才培养模式创新与实践——以北京农学院为例	韩莹琰，田佶	安徽农业科学	2022-01-08	1	241
44	高等农林院校休闲农业硕士培养探索与实践——以中南林业科技大学为例	罗芬，廖小平，钟永德	中国农业教育	2021-06-20	1	230
45	产学研模式下长三角物流经济带物流管理专业教学改革实践——以苏州农业职业技术学院物流管理专业京东班为例	励莉	营销界	2021-09-17	1	217
46	加快构建适应知农爱农新型人才培养的思想政治工作体系	陈利根	中国农业教育	2021-04-20	1	199
47	"互联网＋"视域下高等农业院校"双创"教育路径的探究——以苏州农业职业技术学院为例	薛荣荣	湖北开放职业学院学报	2021-11-15	1	194

序号	篇名	作者	刊名	发表时间	被引率	下载率
48	高校社会服务资源转化为人才培养资源的路径探索——基于新农村发展研究院专业学位研究生培养的实践	李玉清，陈荣荣，刘晓光	中国农业教育	2020-12-20	1	190
49	面向国际视野的涉农高校计算机专业人才培养模式探索	严家兴，徐焕良，胡滨	江苏科技信息	2021-12-30	1	175
50	高职院校青年教师科研创新能力优劣势和提升路径分析——以北京农业职业学院为例	王秀清，刘春平	辽宁农业职业技术学院学报	2021-03-15	1	174
51	对"立德树人导师制"的探索与实践	胡霞，叶克，刘方洲，杨学坤	中国农机化学报	2021-08-15	1	173
52	"1+X"证书制度导向下的现代学徒制物联网专业人才培养模式研究——以苏州农业职业技术学院为例	聂琼，丁杰，陶杰	中国多媒体与网络教学学报（中旬刊）	2022-01-11	1	164
53	科研导师制在高职院校人才培养中的应用实践——以北京农业职业学院动物医学专业为例	张凡建，孙健，曹授俊	北京农业职业学院学报	2020-09-20	1	164
54	农机技能人才培养的校企合作模式探索——以苏州农业职业技术学院为例	马燕平	南方农机	2021-01-15	1	156
55	北京地区高职设施农业与装备专业人才需求调研	杨学坤，叶克，徐迪娟，胡瑶玫	农业工程	2020-08-20	1	129
56	新时代工匠精神与高职学生职业文化融通机制研究——以苏州农业职业技术学院环境类专业为例	于淼，黄蕊，朱文婷，郁金国	创新创业理论研究与实践	2020-12-10	1	106
57	高职园艺技术专业课程体系改革的探索与实践	黄淑燕	黑龙江生态工程职业学院学报	2020-07-17	1	99
58	高职院校《宠物营养与饲料》教学改革探索——以北京农业职业学院为例	郭彤，李玉清，艾君涛	山东畜牧兽医	2020-05-15	1	98
59	突发公共卫生背景下高职专业课程线上教学实施初探	俞宁，陈晓春，胡凯，刘海燕，黄兴	中国兽医杂志	2020-04-22	1	93

序号	篇名	作者	刊名	发表时间	被引率	下载率
60	涉农高职人才培养探索——以成都农业科技职业学院为例	严蓉	粮食科技与经济	2020-10-30	1	86
61	"双高计划"背景下高职院校设施农业与装备专业校企合作探究	徐艳玲，张丽芳，康丽敏	现代农业	2021-08-25	1	82
62	设施农业科学与工程专业增加设施机械化自动化课程改革建议	王宝龙，刘建，陈艳丽，司成成	农业工程技术	2020-09-10	1	81
63	高职畜牧兽医类专业《家畜环境卫生学》教学改革探索与实践	鲁志平，李建臻，杨敏，李娟，郑良焰	当代畜牧	2020-04-25	1	63
64	新工科建设与食品产业实践人才培养体系研究——以沈阳农业大学食品学院"食创工场"模式为例	郑艳，李冬男，史海粟，刘洋，刘玲	沈阳农业大学学报（社会科学版）	2021-07-15	1	58
65	新型职业农民专创融合课程体系构建研究	伍燕青	智慧农业导刊	2021-08-10	1	50
66	家庭农场专业群建设下高职农旅复合创新型人才培养对策	喻彩霞	山西青年	2021-11-23	1	50
67	体育强国背景下休闲农业专业增设休闲体育课程的可行性研究——以上海农林职业技术学院为例	吴超，高萍，丁秀娟	文体用品与科技	2020-10-01	1	32
68	设施农业与装备专业的整改方法	王妍	新课程教学（电子版）	2021-08-15	1	25
69	新农科新文科背景下农科高校金融学一流本科专业建设探索与实践——以南京农业大学为例	周月书，彭澎，张龙耀	中国农业教育	2022-02-20	—	487
70	高职院校辅导员工作室建设路径探析——以成都农业科技职业学院为例	李娜	中外企业文化	2021-02-10	—	438
71	乡村振兴战略背景下涉农高校耕读教育体系建构与内涵建设——以北京农业职业学院为例	冯学会	北京农业职业学院学报	2023-01-11	—	326

序号	篇名	作者	刊名	发表时间	被引率	下载率
72	绿色学校建设实践探索与思考——以北京农业职业学院为例	李彩玲，程文华，柏根才，杨士军	北京农业职业学院学报	2022-01-20	—	321
73	基于传承"恭城油茶"非遗文化的中职观光农业经营实训基地建设	赵乐，赵有军	农村经济与科技	2020-04-20	—	276
74	高职食品营养与检测专业群建设路径研究与实践——以苏州农业职业技术学院为例	宋京城，高岳，吴晨奇，夏红	科教文汇	2022-03-28	—	271
75	乡村振兴战略背景下中职学校休闲农业专业人才培养模式研究	邝华敏	智慧农业导刊	2022-11-17	—	266
76	国内食品质量与安全本科专业人才培养方案比较分析	潘磊庆，宋菲，辛志宏	农产品加工	2022-02-15	—	232
77	双高建设背景下农业类高职"双师型"教师队伍建设研究——以成都农业科技职业学院为例	康珏，郝姣，杜煦	教育科学论坛	2020-07-30	—	218
78	产教融合背景下农艺与种业领域专业学位研究生实践创新能力培养的探索与实践	方思宇，黄胜楠，李承彧，章云	农业技术与装备	2022-09-25	—	213
79	设施农业科学与工程专业人才培养探讨	张爱慧，王长义，郝振萍，宰学明，朱士农	现代园艺	2022-07-19	—	193
80	乡村振兴背景下中职果蔬花卉生产技术专业群资源共享构建的实践与研究	赵乐，黎德荣，赵有军，屈丹	科技风	2021-09-10	—	187
81	新农科背景下现代农业发展对农业交叉学科人才培养的启示——以设施农业为例	吴军辉，刘江龙，沈峥	南方农机	2023-02-14	—	186
82	公园城市建设背景下"风景园林设计"专业设置可行性研究	赵杨迪，王占锋	绿色科技	2021-04-15	—	182
83	贯通培养模式下生物基础课融入"课程思政"的探索与实践——以北京农业职业学院贯通培养项目为例	袁庆叶，张云苓，赵庶吏，李英军，朱翠红	北京农业职业学院学报	2022-01-20	—	178

序号	篇名	作者	刊名	发表时间	被引率	下载率
84	职业院校英语学科课程思政建设的路径研究与实践——以北京农业职业学院为例	张晓青	太原城市职业技术学院学报	2022-06-28	—	173
85	新农科背景下大学生计算机应用能力提升教学研究与实践	李晓辉，杨洪伟，蒋兰玲，张芳	沈阳农业大学学报（社会科学版）	2022-06-17	—	168
86	高职思想政治教育中红色基因传承的实践与探究——以北京农业职业学院为例	王涵祎，刘倩	辽宁经济职业技术学院·辽宁经济管理干部学院学报	2022-08-15	—	165
87	新农科建设背景下提升甘肃农业大学设施农业科学与工程专业毕业论文写作质量的探索与实践	李雯琳，杨丽婧，张菲菲，秦舒浩	吉林农业科技学院学报	2021-12-15	—	158
88	应用型本科院校"设施农业科学与工程"专业人才培养探索	刘俊华，张玉苗，许骧坤，许卉，陆玉建	教育教学论坛	2020-04-01	—	151
89	都市型现代农业人才培养模式的研究分析	韩鸥	湖北开放职业学院学报	2022-11-21	—	142
90	农耕文化在高校学生社团建设中的实践引领和思考——以苏州农业职业技术学院为例	陈秀娟，丁雨	公关世界	2022-04-25	—	139
91	应用型人才培养模式创新改革与实践——以信阳农林学院园艺学院为例	李蒙，张兰兰，龚守富，任毛飞	安徽农学通报	2021-12-15	—	127
92	基于服务学生"双创"能力培养的"食品市场营销"课程设计和开发	曲爱玲，句荣辉，罗红霞，李淑荣，王雪松	农产品加工	2020-06-30	—	122
93	高职金融服务与管理专业"课程思政"探索与实践——以北京农业职业学院为例	郭心义	北京农业职业学院学报	2022-07-20	—	120
94	基于过程控制导向的高职院校专业课程教学实践研究——以"休闲农业园区规划"课程为例	沈洲，吉银翔，孙瑜	黑龙江生态工程职业学院学报	2022-05-19	—	118

序号	篇名	作者	刊名	发表时间	被引率	下载率
95	基于校企合作的实践教学模式研究——以休闲农业专业为例	郁琦，裘亦书	安徽农业科学	2020-05-18	—	116
96	高校"三下乡"助力乡村振兴的路径研究——以苏州农业职业技术学院为例	徐平	青年与社会	2020-09-05	—	116
97	三产融合视角下观光农业人才培养模式的研究——以桂林世外陶园山庄为例	赵乐，李晓铁，苏力燕，袁雪梅	农村经济与科技	2021-12-20	—	113
98	大思政视域下少数民族学生创新创业意识培养路径探索——以苏州农业职业技术学院为例	李光然，孙洁	经济师	2023-01-05	—	111
99	地方高校新型农科人才培养模式的研究与实践	边立云，王远宏，张民	天津农学院学报	2022-03-31	—	109
100	基于学科交叉融合的农业资源与环境专业改造升级路径探索与实践	张旭辉，全思懋，邹建文，王洪梅	中国农业教育	2022-12-20	—	107
101	高素质农民学历教育中政府、职业学校和社会组织的联动作用	崔坤，张新华，关雪梅，赵鑫	农民科技培训	2021-11-01	—	107
102	高职院校药品生物技术专业招生情况分析——以苏州农业职业技术学院为例	杨舒迪	轻工科技	2021-11-29	—	106
103	大数据视域下七所农林类国家示范性高等职业院校科研竞争力评价	王军，陈爱香	河北职业教育	2020-04-15	—	106
104	高职院校家庭经济困难学生基本情况调查及思想行为特点分析——以苏州农业职业技术学院为例	王晴晴	科教文汇	2022-03-15	—	101
105	"双高计划"建设背景下教师职称评审改革实践与思考——以苏州农业职业技术学院为例	郭益红，谭丽春，季玲	河南农业	2022-02-25	—	99
106	高职风景园林专业群组群逻辑与培养岗位研究——以成都农业科技职业学院为例	王占锋，方秉俊，赵杨迪，杨群	绿色科技	2021-09-15	—	99

序号	篇名	作者	刊名	发表时间	被引率	下载率
107	新形势下农业高职院校学生德育工作创新与实践——以北京农业职业学院为例	刘洪超，董冠英，周迪，沈杰，王司妍	北京农业职业学院学报	2022-07-20	—	97
108	园艺专业"三模块"实践教学体系的创新与实践——以南京农业大学为例	上官凌飞，文习成，赵瑞，陈新，刘司瑜	安徽农业科学	2022-11-18	—	91
109	高素质设施农业生产技术人才培养探析	安建军	就业与保障	2020-04-15	—	83
110	OBE 视角下电气自动化专业人才培养思考	刘廷敏	中国电力教育	2020-11-15	—	80
111	高职涉农专业学生商科素养现状及培养路径研究——以成都农业科技职业学院为例	蒲小彬，郑佳，万婷春	教育科学论坛	2021-04-30	—	77
112	高职院校《动物免疫学》课程教学改革的探索与思考	雷莉辉，关文怡	养殖与饲料	2022-04-01	—	76
113	校企深度合作下专业课的共同开发与探索——以苏州农业职业技术学院园艺技术专业为例	金立敏，唐蓉，陈军，庞欣	黑龙江科学	2020-09-08	—	76
114	以高质量党建引领高等农业院校强农兴农实践——以沈阳农业大学"强农兴农模式"为例	任延峰，牛巨龙，管艺飞，李澎	沈阳农业大学学报（社会科学版）	2021-07-15	—	73
115	农业高职院校物联网应用技术专业人才培养研究——以北京农业职业学院为例	张林红	北京农业职业学院学报	2022-11-20	—	71
116	农业高职院校会展策划与管理专业实践教学体系研究	陈姝	智慧农业导刊	2022-10-25	—	69
117	以中高职贯通培养带动高素质农民教育高质量发展	崔坤	农民科技培训	2022-02-01	—	68
118	我国都市农业职业教育管理专题研究	范尚明	中国果树	2022-12-10	—	66
119	江苏省涉农高职教育助力长三角农业高质量一体化发展策略研究	洪俊，郭文剑，林德明	农业与技术	2022-07-30	—	66
120	基于"1+X"证书制度的高职休闲农业经营与管理专业人才培养模式探究	庞欣	安徽农业科学	2022-08-08	—	62

续表

序号	篇名	作者	刊名	发表时间	被引率	下载率
121	基于1+X证书标准构建"岗课赛证"深度融通模式的实践——以成都农业科技职业学院为例	俞宁，胡凯，王振华，蒋红丽，牛红云	农场经济管理	2023-02-15	—	61
122	现代农业职业教育对区域农业经济的作用——以苏州农业职业技术学院为例	苏冰	知识经济	2020-05-01	—	61
123	"三教"改革背景下《移动终端开发》课程建设探究	冯维娜	开封大学学报	2021-06-25	—	56
124	基于《悉尼协议》范式的农业工匠培养研究与实践——以成都农业科技职业学院为例	官万武，雷进，杨健	现代农机	2021-03-16	—	56
125	乡村振兴背景下陕西高职旅游教育的创新与改革	范坤，梁晶	大学	2021-03-15	—	56
126	立德树人视域下高职院校辅导员专业化建设实证研究——以成都农业科技职业学院为例	李娜，官丹	教育观察	2021-02-14	—	55
127	高职食品安全与质量管理课程思政建设研究——以苏州农业职业技术学院为例	宋京城，吴晨奇，高岳，夏红	新课程教学（电子版）	2021-12-15	—	55
128	基于创新人才培养的农业院校课程组建设探索	孟军，韩杰，王术，敖雪，蒋春姬	创新创业理论研究与实践	2022-07-25	—	52
129	高等院校兽医学专业人才医德教育模式探索与实践——以沈阳农业大学动物科学与医学学院为例	李林，董婧，尹荣焕，张燚，杨群辉	沈阳农业大学学报（社会科学版）	2022-05-15	—	51
130	乡村振兴战略下休闲农业和乡村旅游人才的素质与能力研究	王红艳	旅游与摄影	2022-08-08	—	51
131	高职会展专业校外集中实训模式及效果研究	王琪，周艳秋，李艳婷，郝利群	北京农业职业学院学报	2020-11-20	—	46
132	土木工程专业新工科复合应用型人才培养模式探索与实践	吴红爽，白义奎，刘艳华，王铁良	教育信息化论坛	2022-08-10	—	45
133	高职食品类专业"匠心匠行、五融五育"人才培养模式研究——以苏州农业职业技术学院为例	宋京城，吴晨奇，李海林	大学	2020-09-29	—	44

序号	篇名	作者	刊名	发表时间	被引率	下载率
134	"双一流"背景下学术型硕士培养模式改革与实践——以沈阳农业大学作物学为例	杜万里,宫香伟,李晓安	教育教学论坛	2022-12-14	—	42
135	推动农业职业院校校外实训基地建设	侯引绪	北京观察	2022-07-15	—	42
136	"新型职业农民后继者"双创人才培养模式的研究与构建——以苏州农业职业技术学院为例	薛荣荣	科教导刊（中旬刊）	2020-05-15	—	37
137	高职学生在实训室学习的收获研究——以苏州农业职业技术学院为例	伍晨露	才智	2022-03-17	—	37
138	应用型人才培养模式下的无土栽培学教学改革与探索	冯玲霞	现代园艺	2022-12-25	—	34
139	基于都市农业发展背景的高职教育教学改革	屈焕能	黑龙江粮食	2021-09-25	—	34
140	新时代背景下苏州市高职院校辅导员管理机制探析——以苏州农业职业技术学院为例	虞银泉,李鸿昌	才智	2021-10-05	—	34
141	高职院校园林制图课程思政教学设计研究——以苏州农业职业技术学院为例	胡薇叶	河南农业	2023-01-25	—	33
142	同伴互助模式下高职学生在实训室学习过程研究——以苏州农业职业技术学院为例	伍晨露	才智	2022-01-25	—	29
143	中职学校观光农业经营专业实训课程教学诊断与改进	赵乐	新课程研究	2020-12-21	—	27
144	新文科背景下农业伦理学课程体系的探索与实践研究——以南京农业大学为例	姜萍,魏艾	中国农业教育	2023-02-20	—	24
145	贵州：推动中职教改实践	李瑶	农民科技培训	2022-06-01	—	23
146	农业高职学院教职工文化认同调查与分析——以成都农业科技职业学院为例	吴学军	文教资料	2021-07-25	—	23

序号	篇名	作者	刊名	发表时间	被引率	下载率
147	都市农业背景下的农业高职教育教学改革	刘举	湖北农机化	2020-04-30	—	22
148	高职虚拟商业社会环境跨专业综合实训教学效果探析——以苏州农业职业技术学院为例	王志斌，钱鑫，沈于琛	才智	2022-06-05	—	22
149	"新农科"背景下百色学院设施农业科学与工程专业实践教学体系构建探索	李健	南方农业	2022-12-10	—	20
150	"互联网+"背景下设施农业科学与工程专业人才培养模式探索	张毅，石玉，李捷，李斌，赵海亮	农业工程技术	2022-12-10	—	15
151	"专业课程群"与"现代农业产业链"相融合的实践教育体系构建	王德信，杨晓莹，樊庆忠	菏泽学院学报	2023-02-15	—	13
152	学生感知视角下《新目录》落实调查研究——以苏州农业职业技术学院为例	洪俊，林德明	现代农业研究	2023-02-15	—	12
153	大师工作室主导下传统技艺传承人才培养模式探讨——以成都农业科技职业学院为例	蒋跃军	大学	2020-10-29	—	11
154	产教融合推动人才培养模式变革路径探究——以成都农业科技职业学院国家"双高计划"建设为例	叶春近，王慧	教育教学论坛	2023-02-22	—	—
155	设施农业科学与工程专业人才培养体系的建设	崔金霞，刘慧英，史为民，徐巍，孙钦明	科教文汇（上旬刊）	2020-11-10	—	—

说明：

1. 检索时间为 2023 年 4 月；

2. 数据来源：中国知网（学术期刊全文库）2020.4—2023.4 期间数据；

3. 构建专业检索式进行专业检索，从结果中人工筛选相关性较强的条目数据作为数据来源；

4. 此列表仅供参考；

5. 全表按被引率降序排序，被引率相同的，按下载率降序排列。

附录四

"都市农业职业教育"专题学位论文文献目录

序号	篇名	作者	学位类型	授予单位	发表时间
1	荣县绿色循环农业科技人才建设存在的问题及对策研究	蒯洋	硕士	西南医科大学	2022-05-28
2	新型职业农民培训满意度影响因素研究——基于铁岭县农业机械化学校的调查	路阳	硕士	沈阳农业大学	2020-05-27
3	重庆市农业经理人培育研究——以重庆三峡职业学院为例	张怡	硕士	重庆三峡学院	2022-05-25
4	绵竹市乡村旅游人才支撑与培养路径研究	郑世平	硕士	四川农业大学	2019-12-01
5	江苏农业高校创意农业人才培养研究——以南京农业大学为例	宋婧	硕士	南京农业大学	2019-05-01
6	沈阳市浑南区农民远程教育利用状况调查分析	夏艺萌	硕士	沈阳农业大学	2018-12-12
7	农业类高职院校应用型人才培养模式探讨——以江西生物科技职业学院为例	黄丽	硕士	江西农业大学	2017-12-11
8	农业高职院校经管类人才培养模式研究——以成都农业科技职业学院为例	刘雯	硕士	四川农业大学	2017-10-01
9	河北省应用型本科专业课程体系开发研究——以设施农业科学与工程专业为例	翟陆陆	硕士	河北科技师范学院	2017-06-01
10	河南省镇平县新型职业农民培育问题研究	闫小泽	硕士	河南师范大学	2017-06-01
11	新型职业农民培训体系研究——基于高等农业院校的视角	聂宇恬	硕士	南京农业大学	2017-05-01
12	广州市白云区新型职业农民培育效能研究	姜启超	硕士	仲恺农业工程学院	2017-04-01
13	成都农业科技职业学院发展战略研究	廖泽兴	硕士	西南交通大学	2016-06-01
14	高职院校农科专业设置研究	孙婉	硕士	沈阳农业大学	2016-06-01
15	农林职业院校旅游专业人才培养模式研究——基于休闲农业与乡村旅游的分析	刘梅	硕士	南京农业大学	2016-05-01
16	北京农业职业学院五年制高职体育课程建设情况的调查研究	张莹莹	硕士	首都体育学院	2016-03-01
17	农业继续教育学分互认系统的研究	程思	硕士	华中农业大学	2015-10-01

序号	篇名	作者	学位类型	授予单位	发表时间
18	浙江省中职果蔬花卉生产专业发展现状与改进措施	陆冬梁	硕士	浙江大学	2015-09-09
19	高职院校开展新生代农民工教育培训的研究	邱锐	硕士	西南财经大学	2015-06-01
20	循环农业技术的发展水平及其支撑体系建设研究——以湖南为例	邓旭霞	博士	湖南农业大学	2014-06-01
21	都市型农业背景下农民专业合作社科技人才培养机制研究——以天津市武清区为例	张颖	硕士	天津科技大学	2014-05-01
22	农业创业培训供需均衡实证及其政策原因解析——以武汉市为例	钟小斌	硕士	中南民族大学	2014-03-01
23	福建省休闲农业发展中的人力资源开发研究	谢新林	硕士	福建农林大学	2013-08-01
24	发挥辽宁高等农业教育功能推动农业科技发展的研究	秦佳蕾	硕士	沈阳农业大学	2013-06-01
25	成都农业科技职业学院网络教学平台设计与实现	郑洪凯	硕士	电子科技大学	2013-06-01
26	现代农业发展背景下农业高职院校创新型人才培养模式研究	陈艳秋	硕士	四川农业大学	2012-06-01
27	北京高等农业职业教育现状分析与对策研究	罗广妍	硕士	中国农业科学院	2012-06-01
28	高校与科研院所联合培养研究生的教育中心模式研究——以南京农业大学和江苏省农科院的合作为例	宋力沁	硕士	南京农业大学	2011-12-04
29	都市型现代农业背景下北京农业职业教育供求分析——以北京农业职业学院为例	李秀华	硕士	中国人民大学	2011-12-01
30	农业职业技术学校农业推广服务研究——以盐城市为例	束秀玉	硕士	南京农业大学	2011-05-25
31	农业现代化进程中的科技人才培养机制研究	柳晓冰	博士	中国海洋大学	2011-05-01
32	农业职业院校学生服务新农村建设的意愿及影响因素研究——供给视角下基于成都农业科技职业学院的调研	闫益友	硕士	四川农业大学	2010-10-01
33	开放实训中心在都市农业技术推广中的作用研究——以上海市为例	吴政春	硕士	西北农林科技大学	2010-06-01

序号	篇名	作者	学位类型	授予单位	发表时间
34	25所高校森林资源保护与游憩专业发展趋势分析	王均	硕士	四川农业大学	2010-06-01
35	我国农业大学办学模式研究	沈振锋	博士	华中科技大学	2010-05-01
36	园艺专业创新人才培养模式的优化与实践	张国富	硕士	南京农业大学	2009-11-01
37	服务现代农业的博士创新型人才培养机制研究	孙士海	硕士	南京农业大学	2009-06-01
38	北京农业企业科技人才现状与培养模式研究	潘昕	硕士	中国地质大学（北京）	2009-05-01
39	北京农村科技人才培训方案研究	周晶晶	硕士	中国地质大学（北京）	2007-05-01
40	上海农业职业技术教育实训基地建设的研究	朱繁	硕士	浙江大学	2006-11-01
41	高等职业院校课堂教学质量评价体系的研究与实践	许红春	硕士	中国农业大学	2006-06-01
42	北京市农村实用人才资源开发研究	顾崇华	硕士	中国人民大学	2006-05-10
43	设施农业科学与工程专业人才培养体系探索	屈锋敏	硕士	西北农林科技大学	2005-11-01
44	成都农业科技职业学院教学管理系统设计	张彭良	硕士	电子科技大学	2005-05-13
45	适时生产系统在森林旅游教育中的应用研究	杨芳	硕士	中南林业科技大学	2005-05-01
46	农中职教育中开展研究性学习的初探	刘超	硕士	北京师范大学	2005-04-01
47	农业职业院校在农村社区发展中的作用——北京农业职业学院对农村社区发展服务的案例研究	迟全勃	硕士	中国农业大学	2004-06-01
48	天津市农业教育状况与问题研究	乔秀柏	硕士	中国农业大学	2004-06-01

说明：

1. 检索时间为2023年4月；

2. 数据来源：中国知网（学位论文库）、万方数据（学位论文库）；

3. 构建专业检索式进行专业检索，从结果中人工筛选相关性较强的条目数据作为数据来源；

4. 此列表仅供参考；

5. 全表按学位论文发表时间降序排序。

附录五

"都市农业职业教育"专题会议论文文献目录

序号	篇名	作者/机构	会议名称	出处	会议时间
1	校园微服务平台助推中高本有效衔接	邹承俊	第十八届中国教育信息化创新与发展论坛	第十八届中国教育信息化创新与发展论坛论文集	2018-11-08
2	食品科学研究型创新人才培养模式研究与实践	乌日娜,武俊瑞,马彦令,岳喜庆,张佰清,谭洪波,吴朝霞,陶冬冰,斯琴格日乐	辽宁省高等教育学会2016年学术年会暨第七届中青年学者论坛	辽宁省高等教育学会2016年学术年会暨第七届中青年学者论坛论文集	2016-12-28
3.	百年耕耘励志兴农	李振陆	中国职业技术教育学会2016年学术年会	中国职业技术教育学会2016年学术年会论文集	2016-12-01
4	都市型农业类院校创业教育研究	马晓燕,冯丽	2015 2nd International Conference on Education and Education Research (EER 2015)	—	2015-11-06
5	都市型现代农业卓越农林人才培养——北京农学院卓越农林人才教育培养计划阶段性总结报告	北京农学院	第六届全国高等农林院校教育教学改革与创新论坛	第六届全国高等农林院校教育教学改革与创新论坛论文集	2015-11-06
6	沈阳农业大学创新创业教育教学体系建立与实践探索	刘正远,袁玲,何剑斌,段玉玺	第六届全国高等农林院校教育教学改革与创新论坛	第六届全国高等农林院校教育教学改革与创新论坛论文集	2015-11-06
7	第一批卓越农林人才教育培养计划改革试点项目阶段性工作总结	吉首大学 城乡资源与规划学院 园林专业	第六届全国高等农林院校教育教学改革与创新论坛	第六届全国高等农林院校教育教学改革与创新论坛论文集	2015-11-06

序号	篇名	作者/机构	会议名称	出处	会议时间
8	卓越农林人才教育培养计划改革试点专业建设工作总结	沈阳农业大学	第六届全国高等农林院校教育教学改革与创新论坛	第六届全国高等农林院校教育教学改革与创新论坛论文集	2015-11-06
9	复合型农林人才教育培养计划改革试点项目阶段性工作总结	安徽农业大学农学、园艺、农业机械化及其自动化、农林经济管理专业	第六届全国高等农林院校教育教学改革与创新论坛	第六届全国高等农林院校教育教学改革与创新论坛论文集	2015-11-06
10	卓越农林人才教育培养计划改革试点项目阶段性工作总结报告	西北农林科技大学	第六届全国高等农林院校教育教学改革与创新论坛	第六届全国高等农林院校教育教学改革与创新论坛论文集	2015-05-20
11	推进北京市农村成人教育改革发展的建议	赵志磊	北京教育科学研究院2015年学术年会	北京教育科学研究院2015年学术年会论文集	2015-01-01
12	湖南省创意休闲农业发展潜力评价与对策研究	刘军	中国农业资源与农业区划学会2014年学术年会	中国农业资源与农业区划学会2014年学术年会论文集	2014-10-23
13	成都农业科技职业学院专业教学资源共享技术平台建设	成都农业科技职业学院	第十四届中国教育信息化创新与发展论坛	第十四届中国教育信息化创新与发展论坛论文集	2014-10-23
14	知用教育助力成都农业科技职业学院构建区域化云教学平台	成都农业科技职业学院	第十四届中国教育信息化创新与发展论坛	第十四届中国教育信息化创新与发展论坛论文集	2014-10-01
15	基于农科创新人才培养的"三结合"实践教学模式的探索与实践	王恬，李俊龙，宋菲，张天保	第五届全国高等农林院校教育教学改革与创新论坛	第五届全国高等农林院校教育教学改革与创新论坛论文集	2014-07-01
16	都市型科技小院理论与实践	李超	2014年度北京市土肥系统科技论文交流会	2014年度北京市土肥系统科技论文交流会论文集	2014-01-24

续表

序号	篇名	作者/机构	会议名称	出处	会议时间
17	面向区域经济北京地区高职院校办学特色的SWOT研究和案例分析	梁燕,孙毅颖	—	教育科学的探索——北京联合大学教育科研论文集	2013-08-01
18	都市特色动物医学专业实验实习教学改革探索与分析	李焕荣,任晓明,郭勇	2013 International Conference on Education and Teaching（ICET 2013）	Proceedings of 2013 International Conference on Education and Teaching（ICET 2013）Volume 24	2013-03-15
19	浅谈因人施教在现代农业园区人才培养中的运用	刘列平	陕西现代农业园区论坛	陕西现代农业园区论坛论文集	2012-12-08
20	加强现代农业园区人才培养建立园区农业人才队伍建设长效机制	樊军	陕西现代农业园区论坛	陕西现代农业园区论坛论文集	2012-12-08
21	加强人才队伍建设促进现代农业园区持续发展	李伟	陕西现代农业园区论坛	陕西现代农业园区论坛论文集	2012-12-08
22	大力开展职业农民培训服务现代农业园区建设——蓝田华秦现代农业园区培训职业农民的实践探索	惠军涛	陕西现代农业园区论坛	陕西现代农业园区论坛论文集	2012-12-08
23	工学结合"岗位轮动"人才培养模式的实践研究	杨久仙,张孝和,张京和,周珍辉	第三届京津冀畜牧兽医科技创新研讨会暨"瑞普杯"新思想、新方法、新观点论坛	第三届京津冀畜牧兽医科技创新研讨会暨"瑞普杯"新思想、新方法、新观点论坛论文集	2012-12-08

序号	篇名	作者/机构	会议名称	出处	会议时间
24	成都农业科技职业学院院长刘智慧演讲	刘智慧	2012亚洲教育论坛年会	2012亚洲教育论坛年会论文集	2012-12-08
25	面向区域经济北京高职院校办学特色的SWOT研究和案例分析	梁燕,孙毅颖	2012海峡两岸教学卓越学术研讨会	2012海峡两岸教学卓越学术研讨会论文集	2012-12-08
26	加强技术人才培训建设现代农业园区——谈如何建立长效人才培训机制	顾红博,王晓华	陕西现代农业园区论坛	陕西现代农业园区论坛论文集	2012-11-01
27	加强人才队伍建设促进农业园区大发展	蔡亚周,李建峰,魏宏伟	陕西现代农业园区论坛	陕西现代农业园区论坛论文集	2012-09-21
28	加强安康现代农业专业技术人才队伍建设的思考	张忠民,周长安	陕西现代农业园区论坛	陕西现代农业园区论坛论文集	2012-01-01
29	实现资源共享合作培养人才	—	院省科技合作经验交流会	院省科技合作经验交流会论文集	2011-11-13
30	农职院设施专业学生能力培养构建设想	李明福	农业职业教育改革创新与发展——云南省农业教育研究会2011年学术年会	农业职业教育改革创新与发展——云南省农业教育研究会2011年学术年会论文汇编	2011-11-03
31	对创新首都农业院校经济法律人才培养的思考——以都市型现代农业发展为背景	李蕊,佟占军	2011首都论坛	创新驱动与首都"十二五"发展——2011首都论坛	2011-11-01
32	以服务为引领,促进高职院校科研与社会服务融合发展	杜保德,邓志峰	2011年第十三届中国科协年会第17分会——城乡一体化与"三农"创新发展研讨会	2011年第十三届中国科协年会第17分会——城乡一体化与"三农"创新发展研讨会论文集	2011-10-20

序号	篇名	作者/机构	会议名称	出处	会议时间
33	对连锁经营与管理专业工学交替人才培养方案执行过程中的反思	殷志扬	中国农学会教育专业委员会第四届第三届年会	中国农学会教育专业委员会第四届第三届年会论文集	2011-10-16
34	加强"教学导"一体化教学环境建设大力推进卓越农林人才的培养	高务龙,王恬,李俊龙,胡锋	2011年全国高等农林院校教育教学改革与创新论坛	2011年全国高等农林院校教育教学改革与创新论坛论文集	2011-09-21
35	上海农机化培训工作的瓶颈与对策措施	孙月星	第八届长三角科技论坛——农业机械化分论坛	第八届长三角科技论坛——农业机械化分论坛论文集	2011-08-08
36	职教人才专业化服务三农的思考与实践	邓志峰,王敏	"培育创业人才,推进现代农业"研讨会	"培育创业人才,推进现代农业"研讨会论文集	2010-11-03
37	论农业高职教育和都市型现代农业发展的有机接轨——以北京市为例	钱静	第九届华北六省、市、自治区农学会学术年会	第九届华北六省、市、自治区农学会学术年会论文集	2010-11-03
38	都市型现代农业创新人才培养模式探索与思考	杜晓林,范双喜,沈文华	2010年全国高等农林院校教育教学改革与创新论坛	2010年全国高等农林院校教育教学改革与创新论坛论文集	2010-11-02
39	北京都市农业装备现状与人才需求分析	汪金营,张耀川	第九届全国都市型现代农业发展学术研讨会	第九届全国都市型现代农业发展学术研讨会论文集	2010-10-12
40	试论沿海都市型农业的发展与地方农业高校的学科专业建设	孙守钧,田健	全国高等农业教育研究会2010年年会	全国高等农业教育研究会2010年年会论文集	2010-10-12
41	高职园林技术专业"1+1+1"工学结合人才培养模式研究	黄顺,潘文明,唐蓉,尤伟忠	中国农学会教育专业委员会第四届第二届年会	中国农学会教育专业委员会第四届第二届年会论文集	2010-10-09

序号	篇名	作者/机构	会议名称	出处	会议时间
42	创新高校服务途径助推现代农业发展——苏州农业职业技术学院服务"三农"的探索与实践	袁卫明，李庆魁，杨益花，韩仲伟	首届全国一县一业（一乡一品、特色农业）发展与农民增收论坛	首届全国一县一业（一乡一品、特色农业）发展与农民增收论坛论文集	2010-09-01
43	深化改革突出特色完善与创新都市型高等农业教育体系	范双喜，沈文华，乌丽雅斯	2010年全国高等农林院校教育教学改革与创新论坛	2010年全国高等农林院校教育教学改革与创新论坛论文集	2010-08-01
44	面向都市型现代农业开展园艺技术专业教学改革初探	郑志勇，冯社章，王德芳	第十一届中国科协年会第26分会场都市型现代农业学术研讨会	第十一届中国科协年会论文集	2009-12-01
45	北京农业职业学院动物医学专业岗位化课程体系研究实践	侯引绪，齐军哲，张永东，王振玲，张繁建，关文怡，蔡泽川，王明利，张浩，刘洪超	第五届北京畜牧兽医领域青年科技工作者"新思想、新观点、新方法"论坛	第五届北京畜牧兽医领域青年科技工作者"新思想、新观点、新方法"论坛论文集	2009-12-01
46	"岗位轮动式"人才培养模式的探索与实践	杨久仙，李玉冰，曹授俊，张孝和	第五届北京畜牧兽医领域青年科技工作者"新思想、新观点、新方法"论坛	第五届北京畜牧兽医领域青年科技工作者"新思想、新观点、新方法"论坛论文集	2009-07-01
47	农业高职特色数字化校园建设的探索与思考	毛建，邹承峻，郑洪凯	第九届中国教育信息化创新与发展论坛	第九届中国教育信息化创新与发展论坛论文集	2008-11-28
48	成都农业科技职业学院人才队伍建设的探索与实践	熊德凤	四川省高等教育学会2008年学术年会	四川省高等教育学会2008年学术年会论文集	2008-11-28

序号	篇名	作者/机构	会议名称	出处	会议时间
49	不断推进教育创新培养一线创新人才——成都农业科技职业学院近30年的教育创新实践与探索	鲁健生	四川省高等教育学会2008年学术年会	四川省高等教育学会2008年学术年会论文集	2008-10-25
50	加强创业教育培养创业人才	顾金峰	改革开放30年与建设高教强省学术研讨会	改革开放30年与建设高教强省学术研讨会论文集	2008-08-15
51	加强创业教育 培养创业人才	顾金峰	改革开放30年与建设高教强省论坛暨2008年学术年会	改革开放30年与建设高教强省论坛暨2008年学术年会论文集	2008-08-01
52	职业教育与都市型农业互动关系刍议	孙孟侠	北京教育科学研究院2007年度学术年会	北京教育科学研究院2007年度学术年会论文集	2008-03-01
53	30年发展30年变革——记畜牧兽医分院改革发展历程	姜光丽,周光荣,邓继辉	四川省高等教育学会2008年学术年会	四川省高等教育学会2008年学术年会论文集	2008-03-01
54	北京市新型农民特征与培育途径探讨	唐衡	中国农业技术经济研究会2008年学术研讨会	中国农业技术经济研究会2008年学术研讨会论文集	2007-12-28
55	对设施农业技术专业建设的思考	陈治华	云南省农业教育研究会2007年学术年会	云南省农业教育研究会2007年学术年会论文汇编	2007-12-28
56	建立农村科技服务新机制的实践与思考	鲁健生	四川省高等教育学会2007年学术年会	四川省高等教育学会2007年学术年会论文集	2007-12-28
57	发展都市型现代农业教育的探讨	李兴稼,张子睿	2008年都市型现代农业暨都市农业学科建设研讨会	2008年都市型现代农业暨都市农业学科建设研讨会论文集	2007-12-01
58	都市农业人才培养与人力资源开发研究	吴春霞	2008年都市型现代农业暨都市农业学科建设研讨会	2008年都市型现代农业暨都市农业学科建设研讨会论文集	2007-12-01

序号	篇名	作者/机构	会议名称	出处	会议时间
59	办好农业专家大院推进产学研结合——农业高职院校服务社会主义新农村建设的探索	卢晓东	四川省高等教育学会2007年学术年会	四川省高等教育学会2007年学术年会论文集	2007-01-01
60	对北京发展都市型现代农业若干问题的思考	马俊哲	2006全国都市农业与新农村建设高层论坛	全国都市农业与新农村建设高层论坛论文汇编	2006-09-22
61	建设农村青年中心推动外来农民工培训	张子睿,许大德,赵岩	2006全国都市农业与新农村建设高层论坛	全国都市农业与新农村建设高层论坛论文汇编	2006-09-15
62	提升服务理念 创新服务机制 扎实有效地服务京郊新农村建设	崔砚青	中国职业技术教育学会2006年学术年会	中国职业技术教育学会2006年学术年会论文集	2006-09-15
63	实施科教兴农提高农民素质	夏根龙,夏玉姬,金根龙	华东六省一市农学会2006年学术论坛	农业科技创新与社会主义新农村建设	2005-12-04
64	北京市农业科技人才培养方式初步构想	傅正华,雷涅邻	首届中国科技政策与管理学术研讨会	首届中国科技政策与管理学术研讨会论文集	2004-08-22
65	农科专业的中高职课程衔接现状分析与对策	高原	中国职业技术教育学会2004年学术年会	中国职业技术教育学会2004年学术年会论文集	2001-02-01
66	建立面向21世纪的北京农业教育体系	李华,王有年,王振如	—	北京农业现代化研究报告	2000

说明：

1. 检索时间为2023年4月；

2. 数据来源：万方数据（会议论文库）、中国知网（会议论文库）；

3. 构建专业检索式进行专业检索，从结果中人工筛选相关性较强的条目数据作为数据来源；

4. 此列表仅供参考；

5. 全表按会议时间降序排序。

图表索引

参考文献

[1]新华社.中共中央、国务院印发《乡村振兴战略规划（2018—2022年）》[EB/OL].
（2018-09-26）[2021-10-01].http：//www.moa.gov.cn/ztzl/xczx/xczxzlgh/201811/
t20181129_6163953.htm.

[2]RATH A，WEBER N，KRÖLL M，et al. Context-aware knowledge services[C]//Workshop
on personal information management，chi. 2008，8.

[3]KUULA S，HAAPASALO H，TOLONEN A. Cost-efficient co-creation of knowledge
intensive business services[J]. Service Business，2018，12（4）：779-808.

[4]KAWTRAKUL A. Ontology engineering and knowledge services for agriculture domain[J].
Journal of Integrative Agriculture，2012，11（5）：741-751.

[5]LIN D，ISHIDA T. Participatory service design based on user-centered QoS[C]//2013
IEEE/WIC/ACM International Joint Conferences on Web Intelligence（WI）and
Intelligent Agent Technologies（IAT）. IEEE，2013，1：465-472.

[6]江晓波.从美国国立医学图书馆看未来专业图书馆的知识服务[J].现代情报，2006（7）：145-
147.

[7]张晓林.走向知识服务：寻找新世纪图书情报工作的生长点[J].中国图书馆学报，2000，26
（5）：32-37.

[8]孙坦.数字图书馆理论与发展模式研究[D].北京：中国科学院文献情报中心，2000.

[9]张海涛，宋拓，刘健.高校图书馆一站式知识服务模式研究[J].情报科学，2014（6）：104-
108.

[10]程卫萍，王衍，潘杏梅.基于科技云平台的跨系统图书馆联盟协同知识服务模式研究：以浙
江科技创新云服务平台为例[J].图书馆理论与实践，2016（6）：70-74.

[11]田红梅.试论图书馆从信息服务走向知识服务[J].情报理论与实践，2003（4）：312-314.

[12]王芹.图书馆传统知识与现代知识服务模式比较分析[J].农业图书情报学刊，2009（4）：137-
140.

[13]麦淑平.图书馆知识服务模式研究[J].图书馆建设，2010（6）：72-75.

[14]李家清.知识服务的特征及模式研究[J].情报资料工作，2004（2）：16-18.

[15]闫蓓，朱虹，何冰.高校图书馆构建知识服务模式研究[J].中华医学图书情报杂志，2010，19（3）：40-43.

[16]刘开源.高校图书馆知识服务能力的构建与提升[J]，鞍山师范学院学报，2018-12，20（6）：85-90.

[17]江勇.图书馆知识服务模式初探[J].中国高新技术企业，2008（13）：119-122.

[18]初景利，孔青青，栾冠楠.嵌入式学科服务研究进展[J].图书情报工作，2013，57（22）：11-17.

[19]JEPSEN T C. Just what is an ontology, anyway?[J]. IT Professional Magazine, 2009, 11（5）：22-27.

[20]MINEAU G W, MISSAOUI R, GODINx R. Conceptual modeling for data and knowledge management[J]. Data & Knowledge Engineering, 2000, 33（2）：137-168.

[21]STUURSTRAAT N, TOLMAN F. A product modeling approach to building knowledge integration[J]. Automation in Construction, 1999, 8（3）：269-275.

[22]朱光菊，夏幼明.框架知识表示及推理的研究与实践[J].云南大学学报（自然科学版），2006（S1）：154-157.

[23]吉祥.面向产品绿色设计的知识建模及应用技术研究[D].杭州：浙江大学，2013.

[24]叶志刚，邹慧君，胡松，等.基于语义网络的方案设计过程表达与推理[J].上海交通大学学报，2003（05）：663-667.

[25]魏圆圆.基于本体论的农业知识建模及推理研究[D].合肥：中国科学技术大学，2011.

[26]FUJIWARA R, KITAMURA A, MUTOH K. Ontology-based manufacturing knowledge navigation platform[C]//International Symposium on Intelligent Systems and Informatics. IEEE, 2011: 175-179.

[27]SUGUMARAN V, STOREY V C. The role of domain ontologies in database design：An ontology management and conceptual modeling environment[J]. ACM Transactions on Database Systems, 2006, 31（3）：1064-1094.

[28]PARK M, LEE K, LEE H, et al. Ontology-based construction knowledge retrieval system[J]. KSCE Journal of Civil Engineering, 2013, 17（7）：1654-1663.

[29]CASTELLS P, FERNANDEZ M, VALLET D. An adaptation of the vector-space model for ontology-based information retrieval[J]. IEEE Transactions on Knowledge and Data Engineering, 2007, 19（2）：261-272.

[30]袁芳，孙雨生.基于本体的数字档案知识服务系统架构研究[J].中国科技资源导刊,2021,53（1）：26-32.

[31]陈红叶，金国英.基于本体的茶叶知识服务系统研究与实现[J].中国农学通报,2011（4）.

[32]刘鹏年.舰载航空医学专题知识服务模式研究[D].北京：中国人民解放军军事医学科学院,2016.

[33]庄鹏，张惠惠.基于本体面向专家的知识服务系统应用模型[J].图书馆杂志,2004（12）：49-52.

[34]刘学良.知识服务在高职图书馆的实际应用[J].农业图书情报学刊,2009,21（7）：255-257.

[35]刘乾凝.图书馆都市农业学科化知识服务机制构建研究[J].图书情报工作,2014,58（S2）：74-77.

[36]郭薇薇.轨道交通类专业知识服务平台构建实践研究：以柳州铁道职业技术学院为例[J].内蒙古科技与经济,2016,366（20）：65-66,69.

[37]吴洋.面向专题情报服务的英文科技文献深度加工与主题演化研究[D].南京：南京理工大学,2016.

[38]兰杰，任海燕.蒙医药学科研专题知识服务分析与探讨[J].内蒙古医科大学学报,2013,35（S2）：295-299.

[39]刘细文，吴鸣，张冬荣，等.中国科学院研究所文献情报机构的知识服务探索与实践[J].图书情报工作,2012,56（05）：5-9,31.

[40]杨春华，王桂枝，张利，等.对医学重点学科的知识服务[J].中华医学图书情报杂志,2010,19（4）：14-16,52.

[41]赵瑞雪，李娇，张洁，等.多场景农业专业知识服务系统构建研究[J].农业图书情报学报,2020,32（1）：4-11.

[42]赵洪亮.基于资源整合的农业信息服务平台构建与实现[D].沈阳：沈阳农业大学,2012：1-11.

[43]李健捷，徐艳芳，朱建平.专题知识库建设研究[J].内蒙古科技与经济，2020，456（14）：76-77.

[44]马雨萌，王昉，黄金霞，等.基于文献知识抽取的专题知识库构建研究：以中药活血化瘀专题知识库为例[J].情报学报，2019，38（5）：482-491.

[45]李兰彬.面向专题情报服务的领域知识库构建平台研究[D].南京：南京理工大学，2015.

[46]秦春秀，杨智娟，赵捧未，等.面向科技文献知识表示的知识元本体模型[J].图书情报工作，2018，62（3）：94-103.

[47]胡军.计算机文献领域的本体构建及语义检索模型研究与实现[D].上海：上海市计算技术研究所，2021.

[48]徐晨飞，倪媛，钱智勇.基于本体的"江海文化"文献知识组织体系构建研究[J].现代情报，2015，35（10）：62-71.

[49]石伟丽.基于本体的"土司文化"文献知识组织体系构建研究[J].科技创业月刊，2017，30（9）：89-93.

[50]WIELINGA B J, SCHREIBER A T, BREUKER J A. KADS: A modelling approach to knowledge engineering[J]. Knowledge Acquisition, 1992, 4（1）: 5-53.

[51]SCHREIBER G, WIELINGA B, HOOG R, et al. CommonKADS: A comprehensive methodology for KBS development[J]. IEEE Expert, 1994, 9（6）: 28-37.

[52]ERIKSSON H, SHAHAR Y, TU S W, et al. Task modeling with reusable problem-solving methods[J]. Artificial Intelligence, 1995, 79（2）: 293-326.

[53]GENNARI J H, MUSEN M A, Fergerson R W, et al. The evolution of Protégé: an environment for knowledge-based systems development[J]. International Journal of Human-Computer Studies, 2003, 58（1）: 89-123.

[54]MOTTA E. An overview of the OCML modelling language[C]//the 8th Workshop on Methods and Languages. 1998.

[55]ANGELE J, FENSEL D, LANDES D, et al. Developing knowledge-based systems with MIKE[M]//Automated Software Engineering, 1998,5（4）: 389-418.

[56]NECHES R, FIKES R E, FININ T, et al. Enabling technology for knowledge sharing[J]. AI magazine, 1991, 12（3）: 36-36.

[57]GRUBER T R. A translation approach to portable ontology specifications[J]. Knowledge acquisition, 1993, 5（2）: 199-220.

[58]BORST W N. Construction of engineering ontologies for knowledge sharing and reuse[D]. Enschede: University of Twente, 1997.

[59]STUDER R, BENJAMINS V R, Fensel D. Knowledge engineering: principles and methods[J]. Data & Knowledge Engineering, 1998, 25（1-2）: 161-197.

[60]GUARINO N. Semantic matching: Formal ontological distinctions for information organization, extraction, and integration[C]//International Summer School on Information Extraction. Springer, Berlin, Heidelberg, 1997: 139-170.

[61]GUARINO N. Understanding, building and using ontologies[J]. International Journal of Human-Computer Studies, 1997, 46（2-3）: 293-310.

[62]GÓMEZ-PÉREZ A, BENJAMINS R. Overview of knowledge sharing and reuse components: Ontologies and problem-solving methods[C]. IJCAI and the Scandinavian AI Societies. CEUR Workshop Proceedings, 1999.

[63]GRUBER T R. Toward principles for the design of ontologies used for knowledge sharing?[J]. International journal of human-computer studies, 1995, 43（5-6）: 907-928.

[64]NOY N, MCGUINNESS D L. Ontology development 101[J]. Knowledge Systems Laboratory, Stanford University, 2001.

[65]张楠.基于本体的矿山生产设备知识库构建方法研究[D].徐州：中国矿业大学，2021.

[66]MOHAMED H.关系数据库到语义Web的映射规则研究[D].武汉：华中师范大学，2011.

[67]北京市人民政府.北京市国民经济和社会发展第十二个五年规划纲要[EB/OL].（2011-01-21）[2021-12-22].http://district.ce.cn/zt/zlk/bg/201205/25/t20120525_1269356.shtml.

[68]龙莎,葛新权.科技论文学术水平评估[J].科技与管理,2007（01）:133-135,138.

[69]李沂濛, 张乐, 赵良英.国际化背景下人文社科期刊论文评价指标体系研究[J].图书馆工作与研究，2018（06）：63-70.

[70]郭义亭.中文核心期刊评价指标分类研究[J].科技创新导报,2017,14（09）:243-

244，246.

[71]韩鹏鸣.期刊论文的影响力分析[J].情报科学，2010，28（10）：1505-1508.

[72]The Ontology Engineering Group（UPM）.Linked Open Vocabularies（LOV）[EB/OL].
[2021-12-22].https://lov.linkeddata.es/dataset/lov.

[73]国家图书馆《中国图书馆分类法》编辑委员会编.中国分类主题词表（3版）[M].北京：国
家图书馆出版社，2016.5.

[74]国家图书馆《中国图书馆分类法》编辑委员会编.中国图书馆分类法（5版）[M].北京：国
家图书馆出版社，2010.8.

[75]杨静，孔志军.《职业技术教育分类主题词表》构建研究[J].图书馆工作与研究，2009
（11）：60-62.

[76]周明星.中国现代职业教育理论体系：概念、范畴与逻辑[M].北京：人民出版社，2018.

[77]国务院.国务院关于印发国家职业教育改革实施方案的通知[EB/OL].（2019-01-24）
[2022-1-20].http://www.gov.cn/zhengce/content/2019-02/13/content_5365341.htm.

[78]中共中央办公厅，国务院办公厅.关于推动现代职业教育高质量发展的意见[EB/OL].
（2021-10-12）[2022-1-20].http://www.moe.gov.cn/jyb_xxgk/moe_1777/
moe_1778/202110/t20211012_571737.html.

[79]教育部等.职业教育提质培优行动计划（2020—2023年）[EB/OL].（2020-09-
23）[2022-1-20].http://www.moe.gov.cn/srcsite/A07/zcs_zhgg/202009/
t20200929_492299.html.

[80]孙丽.基于本体的数字图书馆知识服务模式研究[D].长春：吉林大学，2013.

[81]阳广元，刘海英.国内基于本体的知识服务研究进展[J].西南民族大学学报（人文社科
版），2017，38（07）：237-240.

[82]韩子延.船舶涂装工艺知识建模与获取技术研究[D].镇江：江苏科技大学，2020.

[83]凡天娣.船舶焊接工艺知识建模及工艺规划技术研究[D].镇江：江苏科技大学，2020.

[84]杨千子.基于本体的专业出版社知识服务研究[D].湘潭：湘潭大学，2018.

[85]朱赓.创新驱动的高校智库知识服务机制研究[D].哈尔滨：黑龙江大学，2020.

[86]王珊珊，陈晨，肖明.基于本体的引文知识服务原型系统设计与实现[J].图书情报工
作，2019，63（2）：132-143.

[87]熊大红.基于本体的农业知识服务机制研究[D].长沙：湖南农业大学，2008.

[88]聂慧.基于语义关联检索的高校图书馆知识聚合服务研究[J].四川图书馆学报，2021
（01）：58-62.

[89]曾倩.基于复合本体的学科知识库构建及实证研究[D].武汉：武汉大学，2014（4）.

[90]郭盈盈.基于引文的图书馆知识服务模式研究[D].哈尔滨：黑龙江大学，2011.

[91]韩静娴，周志峰，王昊.基于CSSCI本体的知识服务模式研究[J].图书情报工作，2013，57
（1）：102-107.

[92]姜颖，黄国彬.国外近两年有关本体研究的进展综述[J].图书馆学研究，2011（7）：10-15.

[93]赖春元.图书馆知识服务模式探讨[J].公共图书馆，2012（3）：43-46.

[94]李华.近五年国内基于本体的数字图书馆研究综述[J].图书情报工作，2011（6）：62-65.

[95]李静，桂慕梅，张剑.基于本体的知识服务[J].图书馆工作与研究，2007（4）：44-47.

[96]李霞，樊治平，冯博.知识服务的概念、特征与模式[J].情报科学，2007（10）：1584-
1587.

[97]李艳，余鹏，李珑."大数据+微服务"模式下的高校图书馆知识服务体系研究[J].图书馆理
论与实践.2017，（3）：99-103.

[98]李玉梅.面向用户的图书馆知识服务模式探析[J].图书馆工作与研究，2009（5）：7-10.

[99]刘佳.高校图书馆学科知识服务模式研究[D].长春：吉林大学，2007.80.

[100]庞爱国.基于图书馆知识管理的知识服务[J].图书馆学刊，2005（2）：78-79.

[101]戚建林.论图书情报机构的信息服务与知识服务[J].河南图书馆学刊，2003（2）：37-38.

[102]吴江.基于本体的知识管理系统关键技术研究[D].西安：西北大学，2008.

[103]许琳.基于本体的个性化信息服务用户模型构建研究[D].长春：吉林大学，2008.

[104]阳广元.国内基于本体的知识检索研究综述[J].图书馆工作与研究，2015（6）.

[105]杨涛.基于本体的农业领域知识服务若干关键技术研究[D].上海：复旦大学，2011.

[106]岳丽欣，刘文云.国内外领域本体构建方法的比较研究[J].情报理论与实践，2016
（8）：119-125.

[107]张大宝.基于本体的船舶协同设计知识服务平台研究.[D].杭州：杭州电子科技大学，2014.

[108]张璐，申静.知识服务模式研究的现状、热点与前沿[J].图书情报工作，2018，62
（10）：116-123.

[109]朱麟.基于本体的HACCP体系知识服务研究[D].合肥：安徽农业大学，2011.

[110]许海文.试论信息时代专题情报服务[J].河南图书馆学刊，1999，19（2）：36-38.

[111]朱晔.我国知识服务现状分析和体系架构研究[D].南京：南京理工大学，2007.

[112]李超，周瑛.基于语义的数字图书馆定题情报服务模型研究[J].图书馆理论与实践，2012，（02）：83-85.

[113]丁一闻.面向智慧图书馆的知识服务模式研究[D].大连：辽宁师范大学，2015.

[114]田磊.大数据环境下高校图书馆知识服务模式研究[D].武汉：武汉大学，2017.

[115]贾君枝，崔西燕.人物本体词表之间的互操作及分类体系构建[J].情报学报，2019，38（07）：731-741.

[116]曾建勋，贾君枝.机构名称规范数据的语义模型构建[J].大学图书馆学报，2019，37（01）：42-47.

[117]岳丽欣，刘文云.国内外领域本体构建方法的比较研究[J].情报理论与实践，2016，39（08）：119-125.

[118]王敏，吕巧枝.图书馆服务创新与育人[M].北京：中国农业出版社.2019.

[119]刘晶.图书馆嵌入式知识服务模式研究[D].大连：辽宁师范大学，2016.

[120]辛力春.“都市农业职业教育”专题文献研究 基于“知网”数字期刊文献[M].北京：中国农业出版社.2021.

[121]辛力春，宸铁梅.“都市农业职业教育”研究文献分析报告2017[M].北京：光明日报出版社，2018.